" 매일 성장하는 초등 자기개발서 "

ⓦ 완자

공부력

Ⓠ 왜 공부력을 키워야 할까요?

쓰기력

정확한 의사소통의 기본기이며 논리의 바탕

연필을 잡고 종이에 쓰는 것을 괴로워한다!
맞춤법을 몰라 정확한 쓰기를 못한다!
말은 잘하지만 조리 있게 쓰는 것이 어렵다!
그래서 글쓰기의 기본 규칙을 정확히 알고
써야 공부 능력이 향상됩니다.

어휘력

교과 내용 이해와 독해력의 기본 바탕

어휘를 몰라서 수학 문제를 못 푼다!
어휘를 몰라서 사회, 과학 내용 이해가 안 된다!
어휘를 몰라서 수업 내용을 따라가기 어렵다!
그래서 교과 내용 이해의 기본 바탕을
다지기 위해 어휘 학습을 해야 합니다.

독해력

모든 교과 실력 향상의 기본 바탕

글을 읽었지만 무슨 내용인지 모른다!
글을 읽고 이해하는 데 시간이 오래 걸린다!
읽어서 이해하는 공부 방식을 거부하려고 한다!
그래서 통합적 사고력의 바탕인 독해 공부로
교과 실력 향상의 기본기를 닦아야 합니다.

계산력

초등 수학의 핵심이자 기본 바탕

계산 과정의 실수가 잦다!
계산을 하긴 하는데 시간이 오래 걸린다!
계산은 하는데 계산 개념을 정확히 모른다!
그래서 계산 개념을 익히고 속도와 정확성을
높이기 위한 훈련을 통해 계산력을 키워야 합니다.

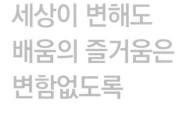

세상이 변해도
배움의 즐거움은
변함없도록

시대는 빠르게 변해도
배움의 즐거움은
변함없어야 하기에

어제의 비상은
남다른 교재부터
결이 다른 콘텐츠
전에 없던 교육 플랫폼까지

변함없는 혁신으로
교육 문화 환경의 새로운 전형을
실현해왔습니다.

비상은 오늘, 다시 한번
새로운 교육 문화 환경을 실현하기 위한
또 하나의 혁신을 시작합니다.

오늘의 내가 어제의 나를 초월하고
오늘의 교육이 어제의 교육을 초월하여
배움의 즐거움을 지속하는 혁신,

바로, 메타인지 기반 완전 학습을.

상상을 실현하는 교육 문화 기업 비상

메타인지 기반 완전 학습

초월을 뜻하는 meta와 생각을 뜻하는 인지가 결합한 메타인지는
자신이 알고 모르는 것을 스스로 구분하고 학습계획을 세우도록 하는
궁극의 학습 능력입니다. 비상의 메타인지 기반 완전 학습 시스템은
잠들어 있는 메타인지를 깨워 공부를 100% 내 것으로 만들도록 합니다.

한자 카드

카드를 활용하여 이 책에서 배운 한자와 어휘를 복습해 보세요.

※ 점선을 따라 뜯어요.

창조 비롯할 창 | 지을 조

창작(創作) | 창의력(創意力)
조성(造成) | 조형(造形)

visang

가상 거짓 가 | 생각 상

가면(假面) | 가정(假定)
예상(豫想) | 상상(想像)

visang

흥미 일 흥 | 맛 미

신흥(新興) | 흥분(興奮)
의미(意味) | 미각(味覺)

visang

혁신 가죽/바꿀 혁 | 새로울 신

혁명(革命) | 개혁(改革)
신문(新聞) | 신선(新鮮)

visang

혈통 피 혈 | 거느릴 통

혈관(血管) | 혈액(血液)
통제(統制) | 통일(統一)

visang

단절 끊을 단 | 끊을 절

차단(遮斷) | 분단(分斷)
절벽(絕壁) | 절망(絕望)

visang

역경 거스를 역 | 지경 경

역효과(逆效果) | 역류(逆流)
환경(環境) | 경계(境界)

visang

관직 벼슬 관 | 일/직분 직

관리(官吏) | 법관(法官)
직업(職業) | 직무(職務)

visang

확보 굳을 확 | 지킬 보

확인(確認) | 확실(確實)
보호(保護) | 보장(保障)

visang

진퇴 나아갈 진 | 물러날 퇴

진격(進擊) | 진로(進路)
후퇴(後退) | 퇴치(退治)

visang

神經

指壓

聲帶

餘波

禁煙

消防

檢察

請求

協助

지압 가리킬 지 | 누를 압

지휘(指揮) | 지시(指示)
압력(壓力) | 탄압(彈壓)

신경 귀신/정신 신 | 지날 경

정신(精神) | 신화(神話)
경험(經驗) | 경로(經路)

회복 돌아올/돌 회 | 회복할 복

회전(回轉) | 회로(回路)
복원(復元) | 왕복(往復)

성대 소리 성 | 띠 대

함성(喊聲) | 의성어(擬聲語)
유대(紐帶) | 열대(熱帶)

금연 금할 금 | 연기 연

금주(禁酒) | 금물(禁物)
연기(煙氣) | 매연(煤煙)

여파 남을 여 | 물결 파

여유(餘裕) | 여백(餘白)
한파(寒波) | 인파(人波)

검찰 검사할 검 | 살필 찰

점검(點檢) | 검색(檢索)
경찰(警察) | 성찰(省察)

소방 사라질 소 | 막을 방

소비(消費) | 소화(消化)
방어(防禦) | 예방(豫防)

협조 화합할 협 | 도울 조

협력(協力) | 타협(妥協)
조언(助言) | 보조(補助)

청구 청할 청 | 구할 구

신청(申請) | 초청(招請)
욕구(慾求) | 추구(追求)

ⓦ 완자

공부력

ᄽ

초등 전과목
한자 어휘 5A

완자

초등 전과목 한자 어휘
5A-5B 구성

한자 학습

5A	假想 가상	創造 창조	革新 혁신	興味 흥미	斷絶 단절
	血統 혈통	官職 관직	逆境 역경	進退 진퇴	確保 확보
	神經 신경	指壓 지압	聲帶 성대	回復 회복	餘波 여파
	禁煙 금연	消防 소방	檢察 검찰	請求 청구	協助 협조
5B	探究 탐구	快適 쾌적	純眞 순진	虛勢 허세	誤解 오해
	試合 시합	應援 응원	呼吸 호흡	毒素 독소	蟲齒 충치
	非常 비상	暴雪 폭설	配布 배포	移送 이송	細密 세밀
	取得 취득	未滿 미만	貧富 빈부	收益 수익	增減 증감
6A	巨事 거사	季節 계절	起源 기원	甘酒 감주	粉乳 분유
	傾聽 경청	包容 포용	尊敬 존경	討論 토론	拒否 거부
	設置 설치	對稱 대칭	屈折 굴절	段階 단계	推理 추리
	周圍 주위	閑暇 한가	混雜 혼잡	簡略 간략	刻印 각인
6B	勤勞 근로	評判 평판	優勝 우승	專攻 전공	就任 취임
	看護 간호	負傷 부상	危險 위험	頭痛 두통	好轉 호전
	標準 표준	差異 차이	證券 증권	投資 투자	採點 채점
	支持 지지	依存 의존	苦難 고난	脫盡 탈진	歡喜 환희

중요 한자를 학습하고, 한자에서 파생된
전과목 교과서 어휘의 실력을 키워요!

교과서 어휘 학습

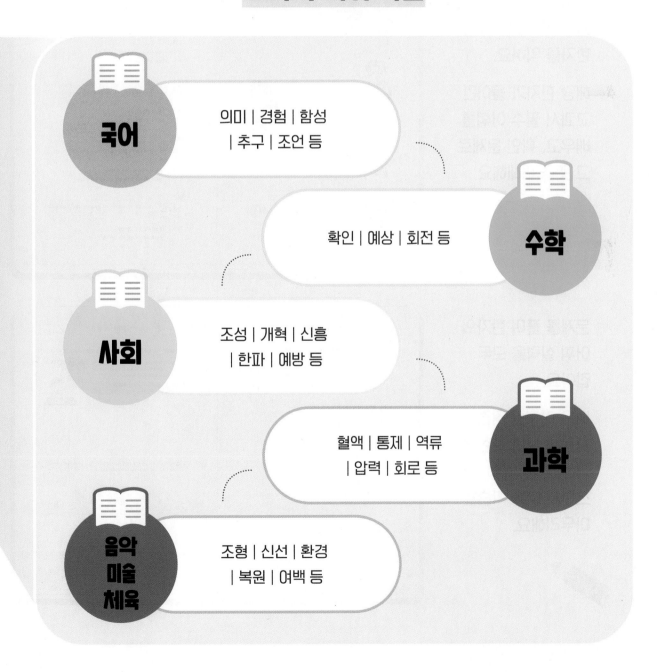

국어
의미 | 경험 | 함성
| 추구 | 조언 등

수학
확인 | 예상 | 회전 등

사회
조성 | 개혁 | 신흥
| 한파 | 예방 등

과학
혈액 | 통제 | 역류
| 압력 | 회로 등

**음악
미술
체육**
조형 | 신선 | 환경
| 복원 | 여백 등

특징과 활용법

✳ 그림과 간단한
설명으로 오늘 배울
한자를 익혀요.

✳ 해당 한자가 들어간
교과서 필수 어휘를
배우고, 확인 문제로
그 뜻을 이해해요.

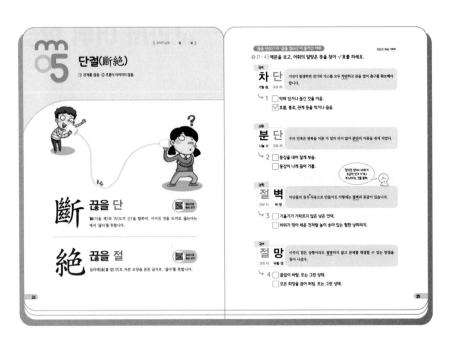

✳ 문제를 풀며 한자와
어휘 실력을 모두
잡아요.

✳ 배운 어휘를 직접
사용해 보며 표현력을
기르고, 한자를
쓰면서 오늘 학습을
마무리해요.

✅ 책으로 하루 4쪽 공부하며, 초등 어휘력을 키워요!

✅ 모바일앱으로 공부한 내용을 복습하고 몬스터를 잡아요!

공부한 내용 확인하기

✳ 5일 동안 배운 한자가 포함된
글을 읽고, 문제를 풀면서 독해력을
키워요. 💡

✳ 중요 한자성어를 실생활에서 사용할
수 있도록 배워요.

✳ 다양한 어휘 놀이로 5일 동안 배운
어휘를 재미있게 정리해요.

모바일앱으로 복습하기

앱 다운받기   책 인증하기

✳ 그날 배운 내용을 바로바로,
또는 주말에 모아서 복습하고,
다이아몬드 획득까지! 💎
공부가 저절로 즐거워져요!

차례

한 친구가
작은 습관을 만들었어요.

매일매일의 시간이 흘러
작은 습관은 큰 습관이 되었어요.

큰 습관이 지금은 그 친구를 이끌고
있어요. 매일매일의 좋은 습관은
우리를 좋은 곳으로 이끌어 줄 거예요.

우리도
하루 4쪽 공부 습관!
스스로 공부하는 힘을
키워 볼까요?

01

가상(假想)

사실 여부가 분명하지 않은 것을 사실인 것처럼 생각함.

假 거짓 가

영상으로
필순 보기

무언가를 주고받는 모습에 '人(사람 인)'을 더하여 '빌리다'를 뜻하다가,
빌린 것은 진짜 얻은 것이 아니라는 데서 '거짓'을 뜻하게 되었습니다.

想 생각 상

영상으로
필순 보기

바라본다는 뜻의 '相(서로 상)'과 '心(마음 심)'을 합한 글자로, 자신의
내면을 바라본다는 의미에서 '생각'을 뜻합니다.

○ [1~4] 예문을 보고, 어휘의 알맞은 뜻을 찾아 ✓표를 하세요.

국어

가 면
거짓 假　얼굴 面

자신이 되고 싶은 인물의 **가면**을 만들어 보세요.

1 ☐ 추위로부터 몸을 보호하기 위해 머리에 쓰는 물건.

　✓ 자신을 감추거나 달리 꾸미기 위해 얼굴에 쓰는 물건.

사회

가 정
거짓 假　정할 定

역사 인물과 실제로 만났다고 **가정**하고 이야기한 내용을 정리해 보세요.

2 ☐ 임시로 사실인 것처럼 인정함.

　☐ 사실보다 지나치게 불려서 나타냄.

사회

예 상
미리 豫　생각 想

밤사이 내린 눈 때문에 도로가 얼어 출근길 불편이 **예상**됩니다.

3 ☐ 지난 일을 돌이켜 생각함.

　☐ 앞으로 일어날 일을 미리 헤아려 봄.

도덕

상 상
생각 想　모양 像

미래에 어른이 된 자신의 모습을 **상상**하며 '미래의 일기'를 써 봅시다.

4 ☐ 현실성이나 가능성이 없는 헛된 생각을 함.

　☐ 실제로 경험하지 않은 일이나 사물을 마음속으로 그려 봄.

1 빈칸에 공통으로 들어갈 한자에 ✓표를 하세요.

> • 마음속에서 일어나는 느낌이나 생각. → 감☐
>
> • 고요한 가운데 눈을 감고 깊이 사물을 생각함. → 명☐

☐想	☐相	☐上	☐像

2 밑줄 친 부분과 바꾸어 쓸 수 있는 표현에 ○표를 하세요.

1 미래의 내 모습을 머릿속에 그려 보며 더 열심히 노력할 거야.

↘ (추억해 보며 | 상상해 보며)

2 VR과 AR 기기를 통해 실제와 비슷한 세계를 체험할 수 있어요.

↘ (가상 현실을 | 현장을 직접)

3 밑줄 친 어휘의 공통된 뜻을 고르세요.

> • 예상 밖의 결말에 영화를 보던 사람들 모두가 놀랐습니다.
>
> • 내일은 전국적으로 오후에 소나기가 올 것으로 예상됩니다.

① 미리 측정함.　　② 미리 생각함.　　③ 미리 걱정함.

④ 미리 실험함.　　⑤ 미리 행동함.

4 빈칸에 '거짓 가(假)'가 들어가는 어휘를 쓰세요.

1 봉산 탈춤은 황해도 봉산 지역에서 전해 내려 온 ☐☐☐극입니다.

2 만약 체험 학습 시간에 비가 내린다고 ☐☐☐했을 때, 대신할 활동이 있나요?

글 쓰며 **표현** 力 높여요

정답과 해설 104쪽

○ '거짓 가(假)'나 '생각 상(想)'이 들어가는 어휘를 넣어서 글을 써 보세요.

여러분의 손에 마법 안경이 생겼어요! 마법 안경은 내가 원하는 시간과 공간으로 나를 데려다 준대요. 이 안경을 쓰고 하고 싶은 일을 적어 보세요.

도움말 가상, 가면, 가정 등에 '거짓 가(假)'가 들어가요.
예상, 상상, 회상 등에 '생각 상(想)'이 들어가요.

예 전 무대에서 가면을 쓰고, 사람들을 웃게 해 주는 연극을 하는 것이 꿈이에요. 마법 안경을 쓰고 20년 뒤로 가서, 제가 예상한 대로 이루어졌는지 확인해 보고 싶어요.

따라 쓰며 **한자** 力 완성해요

假	想				
거짓 가	생각 상				

오늘의 학습을 평가해 보아요. ☹ 부족함 😐 보통임 ☺ 잘함

02 창조(創造)

전에 없던 것을 처음으로 만듦.

創 비롯할 창

영상으로
필순 보기

칼[刂]에 다친 모습을 본뜬 글자로, 어떠한 원인에서 다툼이 시작됐다는 의미에서 '비롯하다', '시작하다'를 뜻합니다.

造 지을 조

영상으로
필순 보기

'宀(집 면)', '舟(배 주)', '告(알릴 고)'를 합하여 집에서 배를 만드는 모습을 표현한 글자였습니다. 지금은 글자가 변형되고 '짓다', '만들다'를 뜻하게 되었습니다.

정답과 해설 105쪽

○ **[1~4]** 예문을 보고, 어휘의 알맞은 뜻을 찾아 ✔표를 하세요.

사회

창 작

비롯할 創 지을 作

저작권법은 음악, 영화, 출판물 등을 창작한 사람의 저작권을 보호하는 법입니다.

1 ☐ 원래의 것과 똑같이 만들어 냄. 또는 그렇게 만든 물건.

☑ 처음으로 만들거나 지어냄. 또는 그렇게 만든 물건이나 예술품.

체육

창 의 력

비롯할 創 뜻 意 힘 力

창의력을 펼쳐 한눈에 쉽게 이해되고 재미있는 표어를 만들어 봅시다.

2 ☐ 새로운 것을 생각해 내는 능력.

☐ 익숙한 것을 생각해 내는 능력.

사회

조 성

지을 造 이룰 成

염전이었던 곳을 메워 새로운 산업 단지를 조성했다.

3 ☐ 무엇을 만들어서 이룸.

☐ 무엇을 허물거나 없앰.

'추상적'은 구체적이지 않고, 사실이나 현실에서 멀고 막연한 것을 의미해.

미술

조 형

지을 造 모양 形

우리가 입는 옷의 무늬에는 대칭, 균형, 율동, 통일 등 다양한 조형 원리가 나타나 있다.

4 ☐ 구체적인 형태나 형상을 만듦.

☐ 추상적인 형태나 형상을 생각함.

1 밑줄 친 부분과 뜻이 비슷한 어휘를 고르세요.

> 요리사는 전에 없던 요리법으로 새로운 음식을 <u>만들었습니다</u>.

① 창조　　　　② 모방　　　　③ 복사　　　　④ 삭제　　　　⑤ 거절

2 빈칸에 알맞은 어휘에 ✓표를 하세요.

> [　　　　]을 발휘하여 남들이 생각하지 못한 독창적인 춤을 춰 보세요.
> ↳ 새로운 것을 생각해 내는 능력.

　☐ 순발력　　　☐ 창의력　　　☐ 인내력　　　☐ 추진력

3 밑줄 친 어휘가 어떤 뜻으로 쓰였는지 선으로 바르게 이으세요.

| 1 | 시립 무용단의 <u>창작</u> 무용을 관람할 거야. | • | • ㉠ | 처음으로 만들거나 지어 내는 것. |

| 2 | 호수 주변으로 시민 공원이 <u>조성</u>되어 있습니다. | • | • ㉡ | 무엇을 만들어서 이룸. |

4 빈칸에 공통으로 들어갈 어휘를 쓰세요.

> [ㅈ ㅎ]은/는 구체적인 모양을 만든다는 뜻이며, [ㅈ ㅎ] 요소는 [ㅈ ㅎ]의 기초가 되는 색과 선, 형태 등을 말해요.

[✎　　　　　　　　]

글 쓰며 **표현 力** 높여요

정답과 해설 105쪽

● '비롯할 창(創)'이나 '지을 조(造)'가 들어가는 어휘를 넣어서 글을 써 보세요.

여러분이 만약 전지전능한 신이 되어 산도, 강도, 바다도 만들 수 있다면 무엇을 만들고 싶은가요? 신이 되었다고 상상하며 하고 싶은 일을 적어 보세요.

> **도움말** 창조, 창작, 창의력 등에 '비롯할 창(創)'이 들어가요.
> 조성, 조형, 제조, 조물주 등에 '지을 조(造)'가 들어가요.

예 전쟁과 가난이 없는 세상을 창조하고 싶어요. 그리고 어린이에게는 언제나 맛있는 음식을 제공하는 나눔 식당가를 조성해서, 굶주린 아이들을 웃게 만들고 싶어요.

따라 쓰며 **한자 力** 완성해요

創	造				
비롯할 창	지을 조				

03

혁신(革新)

묵은 제도나 관습, 방식 등을 바꾸어 새롭게 함.

革 가죽/바꿀 혁

영상으로 필순 보기

짐승의 가죽을 펼친 모습을 본뜬 글자로, '가죽'을 뜻합니다. 그리고 가죽을 필요에 맞게 가공하는 모습에서 '바꾸다'라는 뜻으로도 쓰입니다.

新 새로울 신

영상으로 필순 보기

나무[木]를 도끼[斤]로 잘라 땔감을 마련한다는 뜻으로 만들어진 글자입니다. 나무를 다듬어 새로운 물건을 만든다는 데에서 지금은 '새롭다'라는 뜻으로 쓰입니다.

○ [1~4] 다음 어휘를 살펴보고, 빈칸에 알맞은 어휘를 찾아 한글로 쓰세요.

미술
혁명 — 가죽/바꿀 革, 목숨 命

사회
개혁 — 고칠 改, 가죽/바꿀 革

혁 신
가죽/바꿀 革   새로울 新

국어
신문 — 새로울 新, 들을 聞

실과
신선 — 새로울 新, 고울 鮮

1 ☐ 기사나 방송으로 교통사고 소식을 자주 접할 수 있다.

↳ 새로운 소식, 사건, 사실 등을 널리 알리는 간행물.

2 제철 식품은 거둔 지 얼마 되지 않아 ☐ 하기 때문에 더욱 맛있어.

↳ ① 새롭고 산뜻함.
    ② 채소나 과일, 생선 등이 싱싱함.

3 이성계는 신진 사대부와 함께 여러 제도를 ☐ 하고 조선을 세웠다.

↳ 제도나 기구 등을 새롭게 뜯어고침.

4 우리는 최첨단 과학 기술이 삶 속에 녹아든 4차 산업 ☐ 시대를 살고 있어요.

↳ 제도와 조직 등이 근본적으로
변하는 것.

문제로 어휘力 높여요

1 빈칸에 들어갈 어휘에 ✔표를 하세요.

> 우리는 기존 방식에서 벗어나, ☐적인 방법으로 새 제품을 개발하였다.

☐ 혁신   ☐ 교환   ☐ 고정   ☐ 관습

2 밑줄 친 어휘에서 '혁(革)' 자의 의미로 알맞은 것을 고르세요.

> 4 · 19 혁명(革命)을 통해 민주주의에 대한 국민들의 관심이 높아졌다.

① 가죽   ② 목숨   ③ 참다   ④ 곱다   ⑤ 바꾸다

3 밑줄 친 어휘의 의미로 알맞은 것에 ○표를 하세요.

1 수확한 당근을 보니 색이 예쁘고 신선해 보여요.

↳ 채소나 과일, 생선 등이 (싱싱함 | 차가움).

2 좋아하는 운동선수에 관한 신문 기사를 오려 공책에 옮겨 붙였습니다.

↳ (새로운 | 어려운) 소식이나 사건을 널리 알리는 간행물.

4 빈칸에 들어갈 어휘를 쓰세요.

> 저는 홍길동입니다. 저는 서자라는 신분 때문에 원하는 벼슬길에 나아갈 수 없어 억울합니다. 어서 이 불공평한 신분 제도가 ☐ㄱㅎ☐ 되어 제 뜻을 마음껏 펼치고 싶습니다.

[✎   ]

글 쓰며 **표현力** 높여요

정답과 해설 106쪽

○ '가죽/바꿀 혁(革)'이나 '새로울 신(新)'이 들어가는 어휘를 넣어서 글을 써 보세요.

나의 장래 희망은 대통령입니다. 내가 대통령이 되었다고 상상하고, 국민들을 위해 어떤 정책을 펼칠 수 있을지 적어 보세요.

기호 1번

도움말 혁신, 혁명, 개혁 등에 '가죽/바꿀 혁(革)'이 들어가요.
신문, 신선, 신규 등에 '새로울 신(新)'이 들어가요.

예 제가 대통령이 된다면 안전한 사회를 만들 수 있는 혁신적인 정책을 펼치겠습니다.
신문에서 범죄 사건이 사라진다면, 우리 사회는 더 밝아질 것입니다.

따라 쓰며 **한자力** 완성해요

革	新			
가죽/바꿀 혁	새로울 신			

오늘의 학습을 평가해 보아요. 😞 부족함 😐 보통임 😊 잘함

04 흥미(興味)

마음이 끌릴 만큼 좋은 기분이나 느낌.

興 일 흥

영상으로
필순 보기

'舁(마주 들 여)'와 '同(한가지 동)'을 합한 글자로, 함께 마주 든다는 데에서 '일으키다'를 뜻합니다.

味 맛 미

영상으로
필순 보기

'木(나무 목)'에 획을 더해 무성한 나무 끝 과일을 '맛보다'라는 뜻으로 쓰였습니다. 후에 '口(입 구)' 자가 붙고, '맛'을 뜻하게 되었습니다.

○ **[1~4]** 다음 어휘를 살펴보고, 빈칸에 알맞은 어휘를 찾아 한글로 쓰세요.

흥미
일 興   맛 味

사회 **신흥** 새로울 新, 일 興

사회 **흥분** 일 興, 떨칠 奮

국어 **의미** 뜻 意, 맛 味

국어 **미각** 맛 味, 깨달을 覺

1 고려 말에는 외적을 물리치며 공을 세운 [   ] 무인 세력이 등장하였다.

↳ 어떤 사회적 사실이나 현상이 새로 일어남.

2 다른 낱말로 바꾸어 써도 문장의 [   ] 이/가 자연스러운지 생각해 보세요.

↳ 말이나 글의 뜻. 또는 행위나 현상이 지닌 뜻.

3 난 앞을 보지 못하는 대신 촉각, 후각, [   ] 등 다른 감각들이 발달되어 있어.

↳ 맛을 느끼는 감각.

4 나는 그 후 여러 날 동안 잠을 잊은 채 그 [   ] 의 도가니 속에 빠지게 되었다.

↳ 어떤 자극을 받아 감정이 북받쳐 일어남.

1 밑줄 친 말과 바꾸어 쓸 수 있는 어휘에 ○표를 하세요.

모르는 어휘는 앞뒤 내용을 살펴보면서 그 뜻을 파악할 수 있어요.
↳ (원리를 | 의미를)

2 '흥(興)' 자를 넣어, 빈칸에 알맞은 어휘를 쓰세요.

1 토론장에는 [   ]된 목소리가 오가면서 열기가 넘쳤습니다.

2 나의 적성, [   ], 성격 등을 이해하고 나의 특성에 맞는 직업을 탐색해요.

3 빈칸에 알맞은 어휘에 ✔표를 하세요.

설탕과 고추장을 적절히 조합한 달콤한 맛이 저의 [   ]을 자극하네요.

[ ] 시각   [ ] 청각   [ ] 미각   [ ] 촉각

4 밑줄 친 어휘의 뜻으로 알맞은 것을 고르세요.

토끼: 자라야, 네가 요즘 <u>신흥</u> 부자라는 소문이 자자해. 대체 비결이 뭐야?

자라: 내가 용궁 관광 사업을 시작했거든! 손님이 아주 많아.

토끼: 그게 정말이야? 나도 가 보고 싶은 걸.

① 오래된   ② 무서운   ③ 강력한   ④ 재미있는   ⑤ 새로 일어난

글 쓰며 **표현 力** 높여요

정답과 해설 107쪽

○ '일 흥(興)'이나 '맛 미(味)'가 들어가는 어휘를 넣어서 글을 써 보세요.

개발자가 되어 모두가 재미있게 할 수 있는 놀이를 만들어 보려고 해요. 어떤 프로그램을 만들어야 사람들이 좋아할까요?

도움말 흥미, 신흥, 흥분 등에 '일 흥(興)'이 들어가요.
의미, 미각, 취미 등에 '맛 미(味)'가 들어가요.

예 저는 시각, 청각뿐만 아니라 후각, 촉각, 미각도 느낄 수 있는 게임을 만들고 싶어요. 무엇이든 경험할 수 있는 프로그램, 흥미롭지 않나요?

따라 쓰며 **한자 力** 완성해요

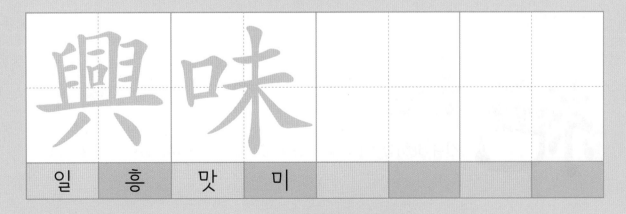

興	味				
일 흥	맛 미				

오늘의 학습을 평가해 보아요. 😞 부족함 😐 보통임 😊 잘함

05 단절(斷絕)

① 관계를 끊음. ② 흐름이 이어지지 않음.

斷   끊을 단

영상으로 필순 보기

'㡭(이을 계)'와 '斤(도끼 근)'을 합하여, 이어진 것을 도끼로 끊는다는 데서 '끊다'를 뜻합니다.

絕   끊을 절

영상으로 필순 보기

실타래[糸]를 칼[刀]로 자른 모양을 본뜬 글자로, '끊다'를 뜻합니다.

정답과 해설 108쪽

○ [1~4] 예문을 보고, 어휘의 알맞은 뜻을 찾아 ✔표를 하세요.

국어

차 단
가릴 遮 / 끊을 斷

지진이 발생하면 전기와 가스를 모두 **차단**하고 문을 열어 출구를 확보해야 합니다.

1 ☐ 막혀 있거나 끊긴 것을 이음.
✔ 흐름, 통로, 관계 등을 막거나 끊음.

사회

분 단
나눌 分 / 끊을 斷

우리 민족은 광복을 이룬 지 얼마 되지 않아 **분단**의 아픔을 겪게 되었다.

2 ☐ 동강을 내어 잘게 부숨.
☐ 동강이 나게 끊어 가름.

'침식'은 땅이나 바위가 조금씩 씻겨 가거나 부스러지는 것을 말해.

과학

절 벽
끊을 絶 / 벽 壁

바닷물의 침식*작용으로 만들어진 지형에는 절벽과 동굴이 있습니다.

3 ☐ 기울기가 가파르지 않은 낮은 언덕.
☐ 바위가 깎아 세운 것처럼 높이 솟아 있는 험한 낭떠러지.

국어

절 망
끊을 絶 / 바랄 望

아무리 힘든 상황이라도 **절망**하지 않고 문제를 해결할 수 있는 방법을 찾아 나섰다.

4 ☐ 끝없이 바람. 또는 그런 상태.
☐ 모든 희망을 끊어 버림. 또는 그런 상태.

문제로 어휘力 높여요

1 다음 어휘처럼 뜻이 비슷한 한자로 이루어진 어휘를 고르세요.

① 강약(強弱)　② 단절(斷絕)　③ 상하(上下)　④ 가면(假面)　⑤ 예상(豫想)

2 밑줄 친 어휘의 뜻을 보기에서 골라 그 기호를 쓰세요.

> **보기**
> ㉠ 동강이 나게 끊어 가름.
> ㉡ 흐름, 통로, 관계 등을 막거나 끊음.

1 휴대 전화 수신 차단 기능으로 광고 메시지를 보내는 번호를 차단했어.

[　🖉　　　]

2 독일도 과거에는 우리나라처럼 전쟁으로 인해 '동'과 '서'로 분단되었던 국가였습니다.

[　🖉　　　]

3 밑줄 친 어휘와 뜻이 비슷한 어휘에 ✔표를 하세요.

> 너무 피곤했던 탓인지 침대에 눕자 천 길 낭떠러지로 떨어지는 것만 같았다.

☐ 상공　　☐ 평지　　☐ 절벽　　☐ 대지

4 빈칸에 '절(絕)' 자가 들어가는 어휘를 쓰세요.

> 우리의 마음은 밭이다. 그 안에는 기쁨, 사랑, 즐거움, 희망과 같은 긍정의 씨앗이 있는가 하면, 미움, ᄌ ᄆ , 좌절, 질투와 같은 부정의 씨앗도 있다.

[　🖉　　　]

○ '끊을 단(斷)'이나 '끊을 절(絕)'이 들어가는 어휘를 넣어서 글을 써 보세요.

사소한 오해로 오랫동안 만나지 않은 친구가 있습니다. 오늘 우연히 그 친구와 찍은 사진을 보고 친구와 화해하고 싶어졌어요. 친구에게 화해의 편지를 써 보세요.

도움말 단절, 차단, 분단 등에 '끊을 단(斷)'이 들어가요.
절벽, 절망, 거절 등에 '끊을 절(絕)'이 들어가요.

예 친구야. 내게 토라져 있는 네게 말을 거는 것이 절벽을 오르는 일처럼 어렵게 느껴졌어. 하지만 용기 내서 화해를 청하니, 부디 거절하지 말아 줘.

斷		絕				
끊을	단	끊을	절			

오늘의 학습을 평가해 보아요. ☹ 부족함 😐 보통임 😊 잘함

01~05 독해로 마무리해요

정답과 해설 109쪽

1~2 다음 글을 읽고, 물음에 답하세요.

> VR와 AR, 즉 가상(假想) 현실과 증강 현실 기술은 우리가 매우 흥미(興味)로운 경험을 할 수 있게 해 줍니다. 가상 현실은 주로 머리에 화면 표시 기기를 착용하고 시각과 청각으로 가상 세계를 체험하는 방식입니다. 증강 현실은 홀로그램과 같은 기술로 현실 공간에 가상 물체를 겹쳐서 보여 줍니다. 예를 들면 휴대 전화기를 활용하여 상상(想像) 속 인물들이 우리 집에 돌아다니는 것처럼 보이게 할 수 있습니다. 이렇게 가상 현실과 증강 현실을 잘 활용하면 새로운 방식의 프로그램이나 예술 작품을 창조(創造)할 수 있고, 시간과 공간의 제약으로 단절(斷絶)된 곳을 가 보지 않고도 간접적으로 체험할 수 있습니다.

1 이 글의 핵심 소재를 파악하여 빈칸에 쓰세요.

가상 현실과 □□ 현실

2 이 글의 내용으로 알맞은 것에는 ○표를, 그렇지 않은 것에는 ×표를 하세요.

1 VR/AR 기술은 다양한 분야에 활용될 수 있다. ──────── [✎   ]

2 증강 현실은 주로 머리에 화면 표시 기기를 착용하고 체험한다. ──── [✎   ]

3 거리가 멀어 가기 힘든 곳을 VR/AR 기술로 간접 경험할 수 있다. ── [✎   ]

생활 속 성어

함 흥 차 사
다 咸 일 興 보낼 差 부릴 使

심부름을 가서 오지 않거나 늦게 온 사람을 이르는 말입니다. 조선 태조 '이성계'가 왕위를 물려주고 함흥에 있을 때에, 태종 '이방원'이 보낸 차사(差使)를 돌려보내지 않았던 데에서 유래했습니다.

아고, 누나가 면발이 다 불도록 함흥차사네.

누나를 시장에 심부름 보내셨어요?

응, 국수에 넣을 계란 좀 사 오라고 했는데 안 오네.

구경하느라 그런가 봐요. 이런 시장차사 같으니….

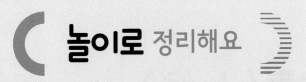

놀이로 정리해요

정답과 해설 109쪽

◎ 쪽지를 읽고 친구 집에 가기 위해 타야 할 버스 번호를 맞혀 보세요.

안녕? 친구야! 우리 집에 올 때 타야 할 버스 번호가 궁금하지?
아래 뜻풀이에 해당하는 어휘를 순서대로 1~0이 적힌 카드에서 찾아봐.
카드의 숫자를 순서대로 나열하면 버스 번호를 알 수 있을 거야.
10분 뒤에 버스가 도착할 예정이야.
시간이 얼마 남지 않았으니 서둘러! 그럼 이따가 우리 집에서 보자~^^

첫 번째 번호	묵은 제도나 관습, 방식 등을 바꾸어 새롭게 함.
두 번째 번호	마음이 끌릴 만큼 좋은 기분이나 느낌.
세 번째 번호	관계를 끊음. 흐름이 이어지지 않음.
네 번째 번호	사실 여부가 분명하지 않은 것을 사실인 것처럼 생각함.

1 혁신 (革新)	2 예상 (豫想)	3 단절 (斷絶)	4 흥미 (興味)	5 조형 (造形)
6 신문 (新聞)	7 의미 (意味)	8 신선 (新鮮)	9 가상 (假想)	0 미각 (味覺)

혈통(血統)

같은 핏줄에서 갈라져서 이어진 자손. 또는 그 공동체.

血 피 혈

영상으로
필순 보기

'皿(그릇 명)'에 점이 하나 찍혀 있는 모습으로, 제사 때 제물의 피를
그릇에 담은 모양을 본떠 '피'를 뜻합니다.

統 거느릴 통

영상으로
필순 보기

'糸(가는 실 멱)'과 '充(채울 충)'이 합한 글자로, 여러 가닥의 실이 한데
모여 한 줄기의 실이 된다는 의미에서 '거느리다', '계통'을 뜻합니다.

○ **[1~4]** 예문을 보고, 어휘의 알맞은 뜻을 찾아 ✓표를 하세요.

체육

혈 관
피 血 　 대롱 管

타박상을 입으면 모세 **혈관**이 터져 멍이 들고 부어오릅니다.

↳ **1** ✓ 피가 흐르는 몸속의 관.

☐ 심장에서 피를 밀어 낼 때 생기는 압력.

과학

혈 액
피 血 　 진 液

혈액은 우리 몸에서 어떻게 이동할까요?

↳ **2** ☐ 피. 혈관 속에 흐르는 붉은 액체.

☐ 동물의 몸을 지탱해 주는 희고 단단한 마디.

과학

통 제
거느릴 統 　 절제할 制

실험에서 다르게 해야 할 조건과 같게 해야 할 조건을 확인하고 **통제**하는 것을 변인 **통제**라고 합니다.

↳ **3** ☐ 나라나 지역을 도맡아 다스림.

☐ 일정한 방침이나 목적에 따라 행위를 제한함.

사회

통 일
거느릴 統 　 한 一

우리나라는 남북 **통일**을 위해 여러 노력을 하고 있습니다.

↳ **4** ☐ 둘 이상으로 나뉘어 갈라짐.

☐ 나누어진 것들을 합쳐서 하나가 되게 함.

1 어휘의 뜻에 맞는 말을 괄호 안에서 골라 ○표를 하세요.

혈통(血統)

뜻 같은 (국가 | 핏줄)에서 갈라져서 이어진 자손. 또는 그 공동체.

예문 그녀와 오랫동안 함께한 개는 진돗개 혈통입니다.

2 문장에서 '피 혈(血)'로 시작하는 어휘의 다음 글자를 쓰세요.

1 나와 동생의 혈 ☐ 형은 A형입니다.

2 피는 혈 ☐ 을/를 따라서 온몸을 구석구석 돌아다닙니다.

3 '통' 자가 다음 한자로 쓰이지 <u>않는</u> 어휘를 고르세요.

統

① 통치   ② 통합   ③ 체통
④ 대통령   ⑤ 휴지통

4 빈칸에 들어갈 어휘를 보기에서 골라 쓰세요.

보기

통제(統制)   통일(統一)

1 포로들은 ☐ 와/과 감시 속에서 불안에 시달리고 있습니다.

2 우리의 소원은 남과 북이 평화로운 ☐ 을/를 이루는 것입니다.

○ '피 혈(血)'이나 '거느릴 통(統)'이 들어가는 어휘를 넣어서 글을 써 보세요.

내 친구 우람이는 편의점에서 컵라면과 같은 즉석 식품을 자주 사 먹어요. 어느 날 병원에 갔더니 고지혈증 증상이 보인다고 했대요. 고지혈증이 어떤 병인지 검색해 본 후, 이를 예방하는 방법을 우람이에게 조언해 주세요.

> **도움말** 고지혈증, 혈액, 혈관 등에 '피 혈(血)'이 들어가요.
> 계통, 통제 등에 '거느릴 통(統)'이 들어가요.

> **예** 우람아, 고지혈증은 혈액에 지방이 많이 생겨서 끈적해지는 병이래. 심해지면 혈관이 막힐 수도 있대. 앞으로 생활 습관을 통제해야 할 것 같아. 즉석 식품보다는 채소나 과일을 골고루 먹고, 운동도 적절히 해 보자.

따라 쓰며 **한자 力** 완성해요

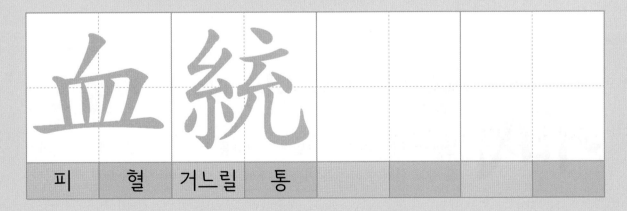

血	統			
피 혈	거느릴 통			

오늘의 학습을 평가해 보아요. ☹ 부족함 ☺ 보통임 ☺ 잘함

07

관직(官職)

공무원 또는 관리가 국가로부터 위임받은 일.

官 벼슬 관

영상으로
필순 보기

'宀(집 면)'과 '𨸏(언덕 부)'가 합하여 '높은 곳에 지어진 집'이라는 의미로 나랏일을 하던 '관청'을 뜻하다가, '벼슬'이라는 뜻이 되었습니다.

職 일/직분 직

영상으로
필순 보기

들어서[耳] 다른 것과 구별하여 알다를 뜻하는 글자로, 세세한 곳까지 잘 알고 힘써야 하는 일이라는 데서 '일', '직분'이라는 뜻으로 쓰입니다.

정답과 해설 111쪽

○ [1~4] 다음 어휘를 살펴보고, 빈칸에 알맞은 어휘를 찾아 한글로 쓰세요.

1 [　　　　]은/는 법에 따라 공정한 재판을 해야 합니다.

　↳ 법원에 속하여, 재판을 맡아보는 사람.

2 우리는 [　　　　]을/를 가짐으로써 경제적인 보상을 얻을 수 있습니다.

　↳ 돈을 벌기 위해 정해 놓고 하는 일.

3 정약용은 암행어사로 일하는 동안 지방 [　　　　]이/가 어떤 마음을 가져야 하는지에 대해 깊이 생각했어요.

　↳ 나랏일을 하는 사람.

4 국무총리는 대통령을 돕고 대통령의 명을 받아 행정 각부를 거느리고 관할하는 [　　　　]을/를 맡은 공무원이에요.

　↳ 직책이나 직업상에서 책임을 지고 담당하여 맡아 처리하는 일.

문제로 어휘 力 높여요

1 밑줄 친 어휘와 바꾸어 쓸 수 있는 어휘에 ○표를 하세요.

> 외삼촌은 오랫동안 <u>관직</u> 생활을 하시다가 작년에 퇴임하셨습니다.

| 관람 | 관객 | 공직 | 이직 |

2 밑줄 친 '관리'가 나머지와 <u>다른</u> 의미로 쓰인 문장에 ✓표를 하세요.

- [ ] 역량이 있는 <u>관리</u>를 임명해야 합니다.
- [ ] 예전에는 과거 시험을 통해서 <u>관리</u>를 뽑았습니다.
- [ ] 건물의 <u>관리</u> 사무소에서 건물 내부 소독을 진행하고 있습니다.

3 보기의 어휘와 뜻을 보고, '직(職)' 자의 뜻을 고르세요.

> **보기**
> • **취직**(就職): 일정한 직업을 잡아 직장에 나감.
> • **직장**(職場): 사람들이 일정한 직업을 가지고 일하는 곳.
> • **직무**(職務): 직책이나 직업상에서 책임을 지고 담당하여 맡아 처리하는 일.

① 학교　　② 체력　　③ 직분　　④ 취미　　⑤ 소질

4 빈칸에 '벼슬 관(官)'이나 '직분 직(職)'이 들어간 어휘를 쓰세요.

> 얼마 전에 법원으로 견학을 갔어요. 선생님께서는 법원에 소속되어 사건을 처리하는 판사와 대법관, 대법원장을 **1** ___ ㅂㄱ ___ (이)라고 한다고 알려주셨습니다. 견학을 하면서 저도 커서 그런 일을 하는 **2** ___ ㅈㅇ ___ 을/를 가지고 싶어졌습니다.

1 [🖉　　　　　　　] 　　**2** [🖉　　　　　　　]

글 쓰며 **표현** 力 높여요

정답과 해설 111쪽

○ '벼슬 관(官)'이나 '일/직분 직(職)'이 들어가는 어휘를 넣어서 글을 써 보세요.

우리가 학교에 간 사이, 어른들의 세상은 어떨까요? 어른들 중에는 직업을 갖고 있거나, 갖기 위해서 준비하는 분들도 많지요? 이분들과 관련된 이야기나 느낀 점 등을 써 보세요.

> **도움말** 관직, 법관, 관리, 관공서 등에 '벼슬 관(官)'이 들어가요.
> 직업, 직무, 직장, 취직, 퇴직 등에 '일/직분 직(職)'이 들어가요.

예 막내 이모는 꿈꾸던 직업을 갖고 싶어서 1년 동안 공부를 하여 자격증을 땄습니다. 그 후에 관련 직무를 할 수 있는 관공서에 취직했어요! 목표를 향해 성실히 준비한 이모가 존경스럽습니다.

따라 쓰며 **한자** 力 완성해요

官	職		
벼슬 관	일/직분 직		

오늘의 학습을 평가해 보아요. 😞 부족함 😐 보통임 😊 잘함

08 역경(逆境)

일이 순조롭지 않아 매우 어렵게 된 처지나 환경.

逆 거스를 역

영상으로
필순 보기

길을 뜻하는 글자[辶]와 사람이 거꾸로 있는 모양[屰]을 합한 글자로, 길
을 거꾸로 간다는 의미에서 '거스르다', '거역하다'를 뜻합니다.

境 지경 경

영상으로
필순 보기

'土(흙 토)'와 '竟(다할 경)'을 합한 글자로, 땅이 끝나는 경계라는 의미
에서 '지경', '경계'를 뜻합니다.

○ [1~4] 다음 어휘를 살펴보고, 빈칸에 알맞은 어휘를 찾아 한글로 쓰세요.

역경
거스를 逆   지경 境

역효과
거스를 逆, 본받을 效, 열매 果

과학
역류
거스를 逆, 흐를 流

실과
환경
고리 環, 지경 境

사회
경계
지경 境, 지경 界

---

1 좋은 약도 지나치면 오히려 [　　　　]을/를 가져옵니다.

↳ 기대하였던 바와는 정반대가 되는 효과.

2 시약의 [　　　　]을/를 방지하기 위해 핀치 집게로 고무관을 꽉 조입니다.

↳ 물이 거슬러 흐름. 또는 그렇게 흐르는 물.

> '주둔'은 군대가 임무 수행을 위해 머무르는 것을 말해.

3 미국과 소련은 38도선을 [　　　　](으)로 남쪽과 북쪽에 각각 주둔*하였습니다.

↳ ① 지역이 구분되는 한계.
② 대상이 어떠한 기준에 의하여 구별되는 한계.

4 [　　　　]오염을 줄이려면 옷의 불필요한 구매를 피하고 옷을 오래 입어야 합니다.

↳ 생물에게 영향을 주는 자연적 조건이나 사회적 상황.

문제로 어휘力높여요

1 '경(境)' 자를 넣어, 밑줄 친 곳에 공통으로 들어갈 어휘를 쓰세요.

> 각종 공해로 _____ 오염이 심각한 상황입니다. 녹지를 보존하고 일회용품 사용을 규제하여 우리 모두가 _____ 보호에 적극 힘써야 합니다. 그래서 후대에게 깨끗한 자연 _____ 을/를 물려줄 수 있기를 바랍니다.

[✎   ]

2 밑줄 친 '역' 자의 알맞은 뜻에 ✔표를 하세요.

> • <u>역</u>풍(逆風): 나아가는 방향에 거슬러 부는 바람.
> • <u>역</u>행(逆行): 보통의 방향과 반대 방향으로 거슬러 나아감.
> • <u>역</u>경(逆境): 일이 순조롭지 않아 매우 어렵게 된 처지나 환경.

[ ] 흐르다   [ ] 거스르다   [ ] 뛰어오르다

3 빈칸에 알맞은 어휘를 쓰세요.

1 장마가 계속 되자 하수구의 물이 [   ] 하였습니다.

↳ 물이 거슬러 흐름. 또는 그렇게 흐르는 물.

2 위로하려던 말이 오히려 [   ] 을/를 내어 친구를 화나게 하였습니다.

↳ 기대하였던 바와는 정반대가 되는 효과.

4 '경계(境界)'가 문장에서 어떤 뜻으로 쓰였는지 선으로 이으세요.

1 그는 꿈과 현실의 <u>경계</u>가 애매한 세상에 온 듯 느껴졌다. •

2 네모 동과 세모 동은 길 하나를 <u>경계</u>로 나누어진다. •

• ㉠ 지역이 구분되는 한계.

• ㉡ 대상이 어떠한 기준에 의하여 구별되는 한계.

○ '거스를 역(逆)'이나 '지경 경(境)'이 들어가는 어휘를 넣어서 글을 써 보세요.

거북선을 만든 이순신 장군은 반역이라는 모함으로 벼슬에서 쫓겨나기도 했고, 옥에 갇힌 적도 있어요. 하지만 끝내 명량해전에서 물살의 흐름이 바뀌는 지형을 이용하여 12척의 배로 큰 승리를 거두었지요. 이순신 장군의 삶에서 무엇을 느꼈는지 감상을 써 보세요.

도움말 역효과, 역류, 역적, 반역 등에 '거스를 역(逆)'이 들어가요.
역경, 환경, 경계 등에 '지경 경(境)'이 들어가요.

예 온갖 역경 속에서도 많은 업적을 세운 이순신 장군이 존경스럽다. 특히 명량해전은 역류라는 자연 환경을 이용해서 적을 무찔렀다는 점이 대단하다.

따라 쓰며 **한자** 力 완성해요

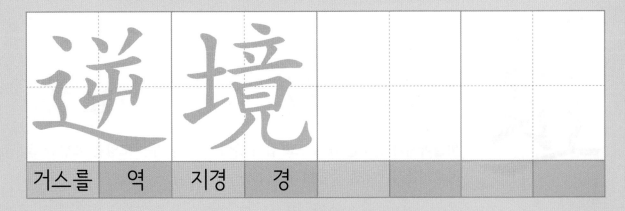

逆	境			
거스를 역	지경 경			

오늘의 학습을 평가해 보아요. 😞 부족함 😐 보통임 😊 잘함

09 진퇴(進退)

앞으로 나아가고 뒤로 물러남.

進 나아갈 진

영상으로
필순 보기

'辶(쉬엄쉬엄 갈 착)'과 '隹(새 추)'가 합해 새가 앞으로 날아가는 모습을 표현한 글자로, '나아가다'를 뜻합니다.

退 물러날 퇴

영상으로
필순 보기

벼슬아치가 관직을 내려놓고 집에 돌아와 밥을 먹는 모양을 표현한 글자로, '물러나다'를 뜻합니다.

○ [1~4] 예문을 보고, 어휘의 알맞은 뜻을 찾아 ✓표를 하세요.

사회

진 격
나아갈進 칠 擊

인천상륙작전을 계기로 국군과 국제 연합군은 평양을 비롯한 북한 지역의 대부분을 장악한 후 압록강까지 **진격**했습니다.

↳ 1 ☑ 적을 치기 위하여 앞으로 나아감.

☐ 적과 화해하기 위하여 뒤로 물러남.

국어

진 로
나아갈進 길 路

일자리를 잃은 사람들에게 **진로** 상담이나 적성 검사, 기술 교육 등을 할 수 있습니다.

↳ 2 ☐ 앞으로 나아갈 길.

☐ 과거를 되짚어 보는 일.

사회

후 퇴
뒤 後 물러날退

중국군이 압록강을 넘어 전쟁에 개입하면서 국군과 국제 연합군은 다시 **후퇴**했습니다.

↳ 3 ☐ 뒤로 물러남.

☐ 잘못을 깨치고 뉘우침.

실과

퇴 치
물러날退 다스릴治

토마토에는 벌레들이 싫어하는 성분이 있어서 벌레 **퇴치**에 도움을 줍니다.

↳ 4 ☐ 물리쳐서 아주 없애 버림.

☐ 수준이 지금보다 뒤떨어짐.

문제로 어휘力 높여요

1 빈칸에 공통으로 들어갈 어휘를 쓰세요.

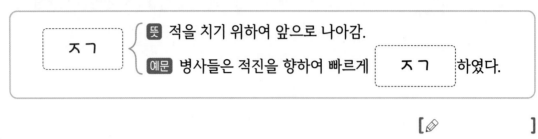

> ㅈㄱ
> - 뜻 적을 치기 위하여 앞으로 나아감.
> - 예문 병사들은 적진을 향하여 빠르게 ㅈㄱ 하였다.

[✎   ]

2 밑줄 친 한자성어의 뜻에 맞는 말을 괄호 안에서 골라 ○표를 하세요.

> 영화 관람 시각이 다 되어 가는데, 신호등은 고장이 나고 차들은 꽉 막혀 있으니 진퇴양난(進退兩難)입니다.

뜻 (정확한 상황을 모르는 | 이러지도 저러지도 못하는) 어려운 처지.

3 밑줄 친 부분과 바꾸어 쓸 수 있는 말에 ✓표를 하세요.

> 한국 전쟁 당시 남북한은 전진과 후퇴를 되풀이하면서 많은 희생자를 냈습니다.

☐ 퇴원을   ☐ 퇴화를   ☐ 퇴각을   ☐ 퇴근을

4 책 내용을 읽고, 책 제목의 빈칸에 알맞은 어휘를 쓰세요.

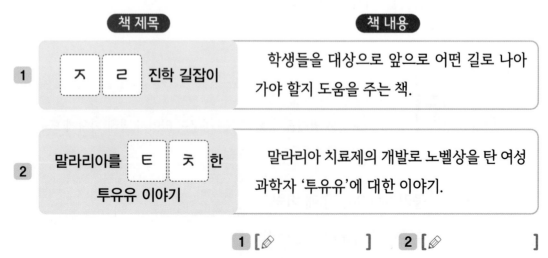

책 제목	책 내용
1 ㅈ ㄹ 진학 길잡이	학생들을 대상으로 앞으로 어떤 길로 나아가야 할지 도움을 주는 책.
2 말라리아를 ㅌ ㅊ 한 투유유 이야기	말라리아 치료제의 개발로 노벨상을 탄 여성 과학자 '투유유'에 대한 이야기.

1 [✎   ]   2 [✎   ]

○ '나아갈 진(進)'이나 '물러날 퇴(退)'가 들어가는 어휘를 넣어서 글을 써 보세요.

친구가 방학 동안 무엇을 배울지 고민하고 있어요. 친구의 엄마는 수영을, 아빠는 악기를 배워 보라고 하신대요. 나는 친구의 생각이 더 궁금한데……. 어떤 것을 배울지 고민하는 친구에게 조언을 해 주세요.

도움말 진로, 진행, 추진 등에 '나아갈 진(進)'이 들어가요.
후퇴, 감퇴, 퇴보 등에 '물러날 퇴(退)'가 들어가요.

예 일단 너의 진로를 먼저 고민해 보고, 이와 관련한 것을 배우는 것은 어때? 새로운 도전은 네게 좋은 경험이 될 거야. 결정했다면 바로 추진해 보자!

따라 쓰며 **한자**力 완성해요

進	退				
나아갈 진	물러날 퇴				

오늘의 학습을 평가해 보아요. 😟 부족함 😐 보통임 😊 잘함

10

확보(確保)

확실히 보증하거나 가지고 있음.

確 굳을 확

영상으로
필순 보기

강한 돌[石(돌 석)]과 지조를 지키며 사는 두루미[隺(두루미 학)]를 합한
글자입니다. '굳다', '단단하다', '확실하다' 등을 뜻합니다.

保 지킬 보

영상으로
필순 보기

아들 자(子)가 변화한 '呆(어리석을 태)'와 '人(사람 인)'을 합한 글자로,
부모가 아이를 업고 있는 모습에서 '지키다', '보호하다'를 뜻합니다.

○ [1~4] 예문을 보고, 어휘의 알맞은 뜻을 찾아 ✓표를 하세요.

수학

확 인
굳을 確   알 認

• 계산이 맞는지 **확인**해 볼까요?

• 종이접기로 반지름의 길이를 **확인**해 보세요.

↳ **1** ☐ 분명하지 않은 것을 임시로 인정함.

     ✓ 틀림없이 그러한가를 알아보거나 그렇다고 여김.

국어

확 실
굳을 確   열매 實

"돌다리도 두들겨 보고 건너라."라는 속담은 **확실**한 일이라도 다시 한 번 확인하고 조심하라는 뜻입니다.

↳ **2** ☐ 믿지 못함.

     ☐ 틀림없이 그러함.

'보호'에는 '위험이나 곤란 등이 미치지 않도록 잘 보살펴 돌봄.'이라는 뜻도 있어. '어린이를 보호해요!'와 같이 말이야.

실과

보 호
지킬 保   도울 護

개인 정보와 지식 재산을 **보호**＊할 수 있는 방법을 알고 실천해야 합니다.

↳ **3** ☐ 알려지지 않은 것을 찾아냄.

     ☐ 잘 지켜 원래대로 보존되게 함.

사회

보 장
지킬 保   막을 障

우리가 행복을 추구하는 것도 헌법에서 **보장**하는 권리입니다.

↳ **4** ☐ 다른 사람에게 들키지 않도록 숨길 장소를 마련하여 간직함.

     ☐ 어떤 일이 어려움 없이 이루어지도록 조건을 마련하여 보증하거나 보호함.

1 빈칸에 공통으로 들어갈 어휘를 쓰세요.

> 이 신문은 폭넓은 독자층을 [ㅎㅂ] 하고 있습니다. 그럼에도 불구하고 홍보
>
> 비에 매년 많은 예산을 [ㅎㅂ] 하도록 계획합니다.

[✎   ]

2 '굳을 확(確)'으로 시작하는 어휘의 다음 글자를 쓰세요.

1 선생님과 상담한 후에 제 고민이 확[   ]하게 해결되었습니다.

2 운동화 가격을 지불하기 전에 운동화에 흠집은 없는지 확[   ]했습니다.

3 밑줄 친 어휘의 뜻에 ✔표를 하세요.

> 복지 제도는 국민의 기본적인 생활 환경을 보장해 주기 위한 목적입니다.

- [ ] 남에게 진 빚 또는 받은 물건을 갚음.
- [ ] 틀림없이 그러한가를 알아보거나 그렇다고 여김.
- [ ] 어떤 일이 어려움 없이 이루어지도록 조건을 마련하여 보증하거나 보호함.

4 밑줄 친 부분과 바꾸어 쓸 수 있는 어휘에 ✔표를 하세요.

> 환경을 돌보고 지키는 것은 미래의 후손을 위하여 아주 중요한 과제이다.

- [ ] 훼손하는
- [ ] 보호하는
- [ ] 관찰하는

글 쓰며 **표현** 力 높여요

정답과 해설 114쪽

○ '굳을 확(確)'이나 '지킬 보(保)'가 들어가는 어휘를 넣어서 글을 써 보세요.

우리들이 살고 있는 환경은 늘 깨끗하게 보호해야 해요! 그런데 동생이 재활용품과 일반 쓰레기를 뒤섞어서 마구 버리고 있네요? 재활용품을 분리배출했던 경험을 떠올려 보면서 내가 알고 있는 분리배출 방법을 동생에게 알려 주세요.

> **도움말** 확보, 확인, 확실 등에 '굳을 확(確)'이 들어가요.
> 보호, 보장, 보전, 보온 등에 '지킬 보(保)'가 들어가요.

예 쓰레기를 무조건 한꺼번에 넣지 말고, 재활용품의 종류를 꼼꼼히 확인하고, 이에 따라 분류해서 버려야 해. 아무리 바쁘더라도 지구 환경을 보호하기 위해서 분리배출을 하는 시간을 미리 확보해 놓자.

따라 쓰며 **한자** 力 완성해요

確	保			
굳을	확	지킬	보	

오늘의 학습을 평가해 보아요. ☹ 부족함 😐 보통임 😊 잘함

1~2 다음 글을 읽고, 물음에 답하세요.

헌혈은 아무런 대가를 받지 않고 혈액(血液)이 필요한 사람들을 위하여 자신의 혈액을 기증하는 행위를 말합니다. 헌혈을 하러 가면 신분을 확인(確認)한 후 혈압, 맥박, 혈액형 등을 검사합니다. 그리고 혈관(血管)에서 정해진 양의 피를 뽑게 됩니다. 헌혈자의 모든 헌혈 기록이나 검사 결과는 비밀이 보장(保障)되며, 개인 정보도 보호(保護)됩니다.

헌혈은 수혈이 필요한 환자의 생명을 구하는 유일한 수단입니다. 혈액은 아직 인공적으로 만들 수 있거나, 대체할 물질이 존재하지 않습니다.

전염병이 유행하는 환경(環境)으로 헌혈자가 대폭 감소하였다고 합니다. 헌혈은 만 16세 이상부터 가능하기 때문에 초등학생은 헌혈에 참여할 수 없지만, 헌혈의 중요성은 확실(確實)히 알고 있어야 합니다.

1 글쓴이가 이 글을 쓴 까닭을 쓰세요.

{ ☐☐ 의 중요성을 알려 주려고 }

2 이 글의 내용과 일치하는 것을 고르세요.

① 헌혈을 위해 혈액형을 검사한다.　② 혈액을 인공적으로 만들기도 한다.

③ 헌혈 결과는 모두에게 공개된다.　④ 초등학생도 헌혈에 참여할 수 있다.

⑤ 최근에 헌혈하는 사람이 대폭 늘어났다.

생활 속 성어

조 족 지 혈

새 鳥　발 足　어조사 之　피 血

'새 발의 피'라는 뜻으로, 새의 조그마한 발에서 나는 피만큼 매우 적은 분량을 비유적으로 이르는 말입니다. 극히 적은 양인 만큼 아무런 영향을 미치지 못하니 신경 쓸 필요가 없다는 의미로 많이 쓰입니다.

너 급식을 다 먹고도 빵을 세 개나 또 먹는 거야?

이 정도는 나한테 조족지혈이라고...

에이, 새 발의 피보다는 많은 것 같은데? 공룡 발의 피 정도?

뭐얏?!! --^

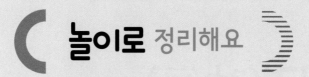

놀이로 정리해요

정답과 해설 115쪽

○ 아래의 뜻풀이에 해당하는 어휘를 찾아 표시해 보세요.

소	방	관	청	원	비	상	인
라	영	파	리	문	혈	통	로
개	진	직	선	향	자	일	군
사	랑	무	춘	진	한	디	가
진	도	제	후	퇴	로	문	산
확	보	어	회	근	수	은	경
인	물	역	경	무	지	개	찰

① 나랏일을 하는 사람.

② 앞으로 나아가고 뒤로 물러남.

③ 확실히 보증하거나 가지고 있음.

④ 일이 순조롭지 않아 매우 어렵게 된 처지나 환경.

⑤ 틀림없이 그러한가를 알아보거나 그렇다고 여김.

⑥ 같은 핏줄에서 갈라져서 이어진 자손. 또는 그 공동체.

⑦ 직책이나 직업상에서 책임을 지고 담당하여 맡아 처리하는 일.

51

신경(神經)

동물의 몸에서 외부의 자극을 두뇌와 신체 각 부분에 전달하고 반응을 일으키게 하는 기관.

神 귀신/정신 신

영상으로
필순 보기

'示(보일 시)'와 하늘에서 번개가 내리치는 모습을 그린 '申(펼 신)'이 합한 글자로 '귀신'이나 '신령', '정신'이라는 의미로 쓰입니다.

經 지날 경

영상으로
필순 보기

'糸(실 사)'와 '巠(물줄기 경)'이 결합하여 베틀 사이로 실이 지나가는 모습을 나타낸 글자로 '지나다', '지내다', '다스리다' 등의 의미로 쓰입니다.

○ [1~4] 다음 어휘를 살펴보고, 빈칸에 알맞은 어휘를 찾아 한글로 쓰세요.

사회
정신
정할 精, 귀신/정신 神

미술
신화
귀신/정신 神, 말씀 話

국어
경험
지날 經, 시험 驗

과학
경로
지날 經, 길 路

신 경
귀신/정신 神   지날 經

1 비상구의 위치와 대피 [   ] 을/를 알면 안전하게 대피할 수 있습니다.

↳ ① 지나는 길. ② 일이 진행되는 방법이나 순서.

2 우리 역사와 조상들의 [   ] 이/가 담겨 있는 문화유산을 보호해야 합니다.

↳ 육체나 물질에 대립되는 영혼이나 마음.

3 청소 구역을 번갈아 바꾸는 것이 어떨까? 다른 일도 [   ] 하면 좋을 것 같아.

↳ 자신이 실제로 해 보거나 겪어 봄.

4 밤하늘 꾸미기 활동을 할 때는 별자리에 얽힌 [   ] 을/를 찾아보면 더 좋습니다.

↳ 고대인의 생각이나 상징이 반영된 신성하고 신비스러운 이야기.

1 '신(神)' 자를 넣어, 밑줄 친 곳에 공통으로 들어갈 어휘를 쓰세요.

> • 전통에는 그 집단 고유의 _____이/가 반영되어 있습니다.
>
> • 범준이는 잠에서 퍼뜩 깨어나 _____을/를 차리고 주위를 둘러보았습니다.

[✎   ]

2 밑줄 친 어휘가 어떤 뜻으로 쓰였는지 알맞게 선으로 이으세요.

| 1 | 자율 <u>신경</u>은 신체의 기능을 조절하는 역할을 한다. | • | • ㉠ | 어떤 일에 대한 느낌이나 생각. |

| 2 | 할머니께서는 그 일은 <u>신경</u> 쓰지 않아도 된다고 말씀하셨다. | • | • ㉡ | 외부의 자극을 두뇌와 신체 각 부분에 전달하는 기관. |

3 '지날 경(經)'이 쓰이지 <u>않은</u> 어휘의 기호를 쓰세요.

> ㉠ **경청**: 귀를 기울여 들음.
>
> ㉡ **경과**: 시간이 흘러 지나감.
>
> ㉢ **경험**: 자신이 실제로 해 보거나 겪어 봄.

[✎   ]

4 빈칸에 알맞은 어휘를 보기에서 골라 쓰세요.

> **보기**
>
> 신화(귀신/정신 神, 말씀 話)   경로(지날 經, 길 路)

1 단군 이야기는 [   ]일까요? 아니면 역사적 사실일까요?

2 학생들은 인터넷이나 사전 등 여러 [   ]를 통하여 정보를 수집할 수 있습니다.

글 쓰며 **표현** 力 높여요

정답과 해설 116쪽

○ '귀신/정신 신(神)'이나 '지날 경(經)'이 들어가는 어휘를 넣어서 글을 써 보세요.

무더운 여름밤, 친구들과 모여 무서운 이야기를 하기로 했어요! 내가 아는 무서운 이야기를 친구들과 나누어 보세요. 규칙은 한 가지, 절대 뒤돌아보지 마세요.

도움말 정신, 신화, 귀신, 신경 등에 '귀신 신(神)'이 들어가요.
경험, 경로, 경과 등에 '지날 경(經)'이 들어가요.

예 어떤 아이가 밤에 혼자 방에 있는데, 창문 밖으로 누군가 나타나서 학교 가는 경로를 물어봤대. 아이는 길을 알려 주려고 하다가 갑자기 정신이 들었어. 그 방은 23층의 고층이었거든! 바로 귀신이 말을 건 거였지.

따라 쓰며 **한자** 力 완성해요

神	經				
귀신/정신 신	지날 경				

오늘의 학습을 평가해 보아요. 😞 부족함 😐 보통임 😊 잘함

12 지압(指壓)

손끝으로 누르거나 두드림.

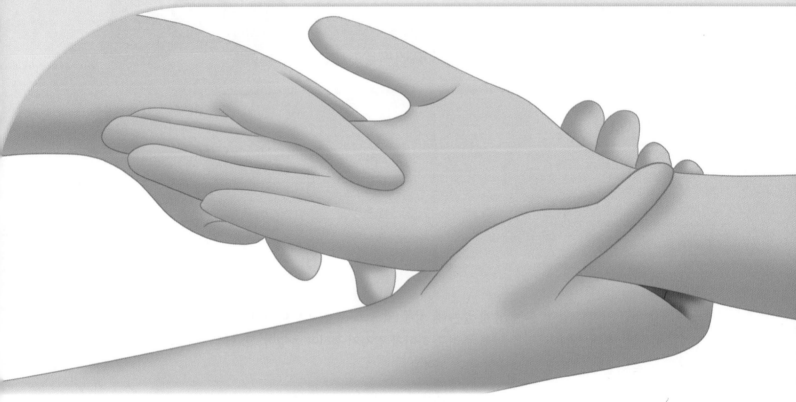

指 가리킬 지

영상으로
필순 보기

'扌(手, 손 수)'와 '旨(맛 지)'가 결합한 글자로, 맛있는 것에 손가락이 움직이는 모양에서 '손가락', '가리키다'의 의미로 쓰입니다.

壓 누를 압

영상으로
필순 보기

'土(흙 토)'와 '厭(싫어할 염)'이 결합한 글자로, 흙으로 힘을 주어 미는 모습에서 '누르다', '압박하다'의 의미로 쓰입니다.

○ [1~4] 예문을 보고, 어휘의 알맞은 뜻을 찾아 ✓표를 하세요.

사회

지 휘

가리킬 指 휘두를 揮

대한민국 임시 정부는 비밀 연락망으로 국내의 독립운동을 지휘했습니다.

↘ 1 ✓ 목적을 이루기 위하여 단체를 이끌고 다스림.

☐ 성과를 높이기 위하여 허물을 드러내어 폭로함.

체육

지 시

가리킬 指 보일 示

친구들에게 "높이 뛰어!"와 같은 움직임을 지시합니다.

↘ 2 ☐ 가까이에서 직접 돕고 보살핌.

☐ 무엇을 하라고 시키거나, 무엇을 가리킴.

과학

압 력

누를 壓 힘 力

기체의 부피는 압력을 가한 정도에 따라 달라집니다.

↘ 3 ☐ 수직으로 내리누르는 힘.

☐ 양쪽에서 잡아당기는 힘.

사회

탄 압

탄알 彈 누를 壓

일제의 탄압과 수탈이 계속되자 국외로 떠나는 사람들이 늘어났습니다.

↘ 4 ☐ 큰 목소리로 억지로 떠나가게 함.

☐ 힘으로 억지로 눌러 꼼짝 못 하게 함.

1 '지압'의 뜻으로 알맞은 어휘를 괄호 안에서 골라 ○표를 하세요.

지압(指壓)
- 뜻 (손끝 | 손바닥)으로 (누르거나 | 쓰다듬거나) 두드림.
- 예문 올록볼록한 길은 발바닥을 <u>지압</u>하는 효과가 있습니다.

2 밑줄 친 '지'의 알맞은 뜻에 ✔표를 하세요.

- 선생님은 우리가 들어가야 할 교실을 손끝으로 <u>지</u>시하여 주셨다.
- 경찰과 범인을 찾는 게임을 하다가 내가 범인으로 <u>지</u>목되었습니다.

☐ 알다　　☐ 보다　　☐ 말하다　　☐ 가리키다

3 '누를 압(壓)'을 넣어, 밑줄 친 곳에 공통으로 들어갈 어휘를 쓰세요.

비행기가 이륙하면 귀가 먹먹해집니다. 귀의 바깥쪽과 안쪽 고막을 누르는 공기의 _____ 이/가 다르기 때문입니다. 이때 침을 삼키면 고막을 누르는 공기의 _____ 이/가 같아져 먹먹했던 귀가 맑아집니다.

[✎　　　　　]

4 다음 어휘와 뜻이 비슷한 어휘에 ○표를 하세요.

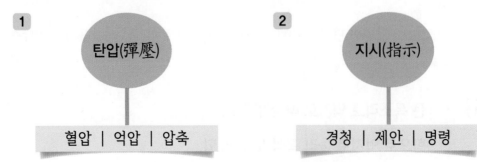

1 탄압(彈壓)
혈압 | 억압 | 압축

2 지시(指示)
경청 | 제안 | 명령

○ '가리킬 지(指)'나 '누를 압(壓)'이 들어가는 어휘를 넣어서 글을 써 보세요.

오늘 밤 꿈에서 나는 군대를 통솔하는 장군이 되었습니다. 전쟁이 한창인 가운데, 몰려오는 적군을 보자 우리 편이 우왕좌왕합니다. 장군으로서 우리 편에 용기를 주는 말을 해 보세요.

도움말 지휘, 지시, 지적, 지침 등에 '가리킬 지(指)'가 들어가요.
압력, 탄압, 압박, 압도 등에 '누를 압(壓)'이 들어가요.

예 적군이 몰려와도 압박받지 마라. 우리의 기세로 압도하면 된다. 모두 나의 지시를 따르라!

따라 쓰며 **한자** 力 완성해요

指		壓				
가리킬	지	누를	압			

오늘의 학습을 평가해 보아요. 😟 부족함 😐 보통임 😊 잘함

13 성대(聲帶)

사람의 목구멍에 있는, 소리를 내는 기관.

聲 소리 성

 영상으로 필순 보기

중국의 고대 악기인 석경(石磬)을 쳐서 귀[耳]로 악기의 소리를 듣는 모습을 표현한 글자로, '소리'를 나타냅니다.

帶 띠 대

 영상으로 필순 보기

몸에 두른 옷[巾] 위에 장식이 들어간 띠를 두른 모습을 본뜬 글자로, '띠', '두르다', '장식하다'라는 의미로 쓰입니다.

◎ [1~4] 다음 어휘를 살펴보고, 빈칸에 알맞은 어휘를 찾아 한글로 쓰세요.

성 대
소리 聲 띠 帶

국어
함성
소리칠 喊, 소리 聲

음악
의성어
흉내 낼 擬 소리 聲, 말씀 語

도덕
유대
맺을 紐, 띠 帶

사회
열대
더울 熱, 띠 帶

1 생명의 소중함을 알고 자연과 [   ]을/를 가져야 합니다.

↘ 끈과 띠라는 뜻으로, 둘 이상을 서로 연결하거나 결합하게 하는 것.

2 태양의 열을 많이 받는 적도 부근은 [   ] 기후가 나타납니다.

↘ 적도 부근으로 연 평균 기온이 20℃ 이상인 지역.

3 빗방울 소리를 나타내는 [   ]을/를 찾아보고, 말의 느낌을 비교해 봅시다.

↘ 사람이나 사물의 소리를 흉내 낸 말.

4 이 영상은 우리 반이 피구 대회에서 우승할 때의 추억을 잘 살려 만들었다. 마치 그 날의 [   ]이/가 들리는 듯하다.

↘ 여러 사람이 함께 외치거나 지르는 소리.

1 밑줄 친 글자가 '소리'를 뜻하는 문장에 ✔표를 하세요.

☐ 민지는 <u>성</u>격이 매우 쾌활하다.

☐ 청소년기의 아이들은 <u>성</u>장이 빠르다.

☐ 이 그림을 완<u>성</u>하는 데 일주일이 걸렸다.

☐ 선생님은 부드러운 음<u>성</u>으로 아이를 타일렀다.

2 '성(聲)' 자를 넣어, 빈칸에 알맞은 어휘를 쓰세요.

1 골인과 함께 관중들의 [   ] 이/가 터져 나왔어요.

↳ 여러 사람이 함께 외치거나 지르는 소리.

2 평소에 물을 자주 마시면 [   ] 을/를 보호할 수 있어요.

↳ 사람의 목구멍에 있는, 소리를 내는 기관.

3 의성어(擬聲語)가 <u>아닌</u> 것에 ✔표를 하세요.

☐ 멍멍   ☐ 부르릉   ☐ 엉금엉금   ☐ 콜록콜록

4 밑줄 친 '대' 자의 한자(漢字)가 나머지 두 개와 <u>다른</u> 어휘의 기호를 쓰세요.

> ㉠ **역<u>대</u>**: 대대로 이어 내려온 여러 대. 또는 그동안.
>
> ㉡ **유<u>대</u>**: 둘 이상을 서로 연결하거나 결합하게 하는 것.
>
> ㉢ **열<u>대</u>**: 적도 부근으로 연 평균 기온이 20℃ 이상인 지역.

[✎   ]

'소리 성(聲)'이나 '띠 대(帶)'가 들어가는 어휘를 넣어서 글을 써 보세요.

친구들과 함께 땀을 뻘뻘 흘리며 축구를 하고 집에 돌아왔어요. 밤에 잠들기 전, 축구를 할 때 철이가 넘어져서 다쳤던 것이 문득 떠올랐어요. 철이는 괜찮을까요? 전화를 걸어서 안부를 물어보세요.

도움말 음성, 함성, 탄성, 성원 등에 '소리 성(聲)'이 들어가요.
성대, 유대, 열대야, 붕대 등에 '띠 대(帶)'가 들어가요.

예 철이야, 다친 데는 좀 어때? 붕대를 감지는 않았니? 아까는 친구들의 함성 때문에 이야기하지 못했어. 함께 축구를 하면서 유대를 느끼고 있었는데, 네가 갑자기 넘어져서 마음이 철렁했어. 어서 나았으면 좋겠다.

따라 쓰며 **한자** 力 완성해요

聲	帶			
소리 성	띠 대			

오늘의 학습을 평가해 보아요. ☹ 부족함 😐 보통임 ☺ 잘함

63

14 회복(回復)

원래의 상태를 되찾음.

回 돌아올/돌 회

물건이 빙글빙글 회전하는 모양을 본뜬 글자로 '돌아오다', '돌이키다', '돌다'라는 뜻을 나타냅니다.

復 회복할 복

'彳(조금 걸을 척)'과 '复(갈 복)'이 결합하여 '회복하다', '돌아오다'라는 뜻을 나타냅니다.

○ [1~4] 예문을 보고, 어휘의 알맞은 뜻을 찾아 ✓표를 하세요.

실과

회 전

돌아올/돌 回 구를 轉

자동차의 브레이크를 밟으면 바퀴의 **회전**을 줄이거나 자동차를 멈출 수 있어요.

↳ 1 ☐ 어떤 물체가 같은 장소로 굴러옴.

☑ 어떤 축을 중심으로 하여 그 둘레를 빙빙 돎.

과학

회 로

돌아올/돌 回 길 路

전기 부품을 서로 연결하여 전기가 흐르도록 한 것이 전기 **회로**입니다.

↳ 2 ☐ 전류가 흐르는 통로.

☐ 전기가 흐르지 않는 물체.

미술

복 원

회복할 復 으뜸 元

과학 기술을 이용하여 손상된 예술 작품을 원래의 모습처럼 **복원**할 수 있습니다.

↳ 3 ☐ 새롭게 바꿈.

☐ 원래대로 회복함.

'왕복'의 '복' 자는 '돌아오다'라는 뜻으로 쓰였어.

체육

왕 복

갈 往 회복할 復

심폐 지구력을 기르기 위해 **왕복***오래 달리기를 해 봅시다.

↳ 4 ☐ 갔다가 돌아옴.

☐ 가다가 도중에 멈춤.

문제로 어휘力 높여요

1 '회(回)' 자를 넣어, 빈칸에 알맞은 어휘를 쓰세요.

1 넘어져서 다친 상처가 매우 더디게 ⬚⬚⬚ 되었다.

↳ 원래의 상태를 되찾음.

2 얼음판 위의 팽이는 제자리에서 ⬚⬚⬚ 을/를 하기 시작했다.

↳ 어떤 축을 중심으로 하여 그 둘레를 빙빙 돎.

2 밑줄 친 부분에 공통으로 쓰인 한자를 고르세요.

> • 회로를 점검하던 중 실수로 10분간 정전이 되었다.
>
> • 할머니께서는 사진첩을 넘기며 어린 시절을 회상하셨다.

① 回   ② 神   ③ 指   ④ 聲   ⑤ 帶

3 밑줄 친 어휘와 뜻이 가장 비슷한 어휘에 ◯표를 하세요.

> 국립공원공단은 멸종 위기인 산양의 개체 수를 복원하려고 노력하고 있습니다.

| 복고(復古) | 복구(復舊) | 복사(複寫) | 복도(複道) |

4 빈칸에 알맞은 어휘를 쓰세요.

> 하나: 어제 친척 집에 다녀왔더니 너무 피곤하다. 왔다 갔다만 해도 네 시간이 걸리거든.
>
> 도윤: 그랬구나. 하루 동안 그 먼 길을 ⬚ ㅇ ㅂ ⬚ 한 거야?
>
> 하나: 응. 아침에 출발해서 갔다가, 밤늦게 집에 돌아왔어.

[✎   ]

글 쓰며 **표현** 力 높여요

○ '돌아올/돌 회(回)'나 '회복할 복(復)'이 들어가는 어휘를 넣어서 글을 써 보세요.

오늘은 왠지, 예전에 다투고 멀어진 친구가 생각이 나요. '가끔은 같이 놀고 싶은데, 그때 난 왜 그랬을까?' 지난 일을 떠올리며 친구에게 하고 싶은 말을 써 보세요.

> **도움말** 회복, 회전, 회피, 회상 등에 '돌아올/돌 회(回)'가 들어가요.
> 복원, 왕복, 반복, 복귀 등에 '회복할 복(復)'이 들어가요.

예 친구야, 잘 지내니? 오늘은 우리가 친하게 지냈던 예전을 회상해 보았어. 그동안 너와의 관계를 회피하기만 한 것 같아. 앞으로는 우리 사이가 다시 회복되었으면 좋겠다.

따라 쓰며 **한자** 力 완성해요

回	復			
돌아올/돌 회	회복할 복			

오늘의 학습을 평가해 보아요. ☹ 부족함 ☺ 보통임 ☺ 잘함

15

여파(餘波)

① 큰 물결이 지나간 뒤에 일어나는 잔물결. ② 어떤 일이 끝난 뒤에 남아 미치는 영향.

餘 남을 여

영상으로
필순 보기

'食(밥 식)'과 '余(남을 여)'가 결합한 글자로, 음식이 남는다는 데서 '남다', '나머지', '여분'의 의미가 생겼습니다.

波 물결 파

영상으로
필순 보기

'氵(水, 물 수)'와 '皮(가죽 피)'가 결합한 글자로, 일렁이는 '파도'나 '물결'을 의미합니다.

○ [1~4] 다음 어휘를 살펴보고, 빈칸에 알맞은 어휘를 찾아 한글로 쓰세요.

도덕
여유 남을 餘, 넉넉할 裕

미술
여백 남을 餘, 흰 白

사회
한파 찰 寒, 물결 波

인파 사람 人, 물결 波

여파
남을 餘 물결 波

1 겨울에는 ⬚⬚⬚⬚⬚ (으)로 인한 피해가 발생할 수 있습니다.

↘ 겨울철에 기온이 갑자기 내려가는 현상.

2 크리스마스가 되자 시내는 순식간에 ⬚⬚⬚⬚⬚ (으)로 뒤덮였습니다.

↘ 사람의 물결이란 뜻으로, 수많은 사람을 이르는 말.

3 우리나라 전통 미술 작품에서는 ⬚⬚⬚⬚⬚ 의 아름다움을 느낄 수 있습니다.

↘ 글씨를 쓰거나 그림을 그리고 남은 빈자리.

4 갈등을 잘 해결하려면 친구와 ⬚⬚⬚⬚⬚ 있게 대화를 나누어 보아야 합니다.

↘ 물질적·공간적·시간적으로 넉넉하고 남음이 있음.

1 밑줄 친 어휘의 알맞은 뜻을 보기에서 골라 기호를 쓰세요.

> **보기**
>
> ㉠ 어떤 일이 끝난 뒤에 남아 미치는 영향.
>
> ㉡ 큰 물결이 지나간 뒤에 일어나는 잔물결.

1 거대한 해일의 <u>여파</u>가 해수욕장을 덮쳤다. [✎   ]

2 월드컵의 <u>여파</u>로 축구 선수들의 인기가 높아졌습니다. [✎   ]

2 밑줄 친 어휘의 의미를 가장 알맞게 풀어 쓴 것을 고르세요.

> 오늘은 <u>한파</u>이니 나가기 전에 옷을 따뜻하게 입으세요.

① 파도가 몰아치니   ② 가을의 중간이니   ③ 비가 많이 내리니

④ 사람들이 몰려오니   ⑤ 기온이 갑자기 내려가니

3 빈칸에 공통으로 들어갈 글자에 ✓표를 하세요.

> • 호수를 보고 있는데 수면에 잔잔한 [   ]동이 일어났다.
>
> • 우리에게 인사를 마친 삼촌은 인 [   ] 속으로 사라졌다.

[ ] 구(입 口)   [ ] 진(떨칠 振)   [ ] 파(물결 波)   [ ] 물(물건 物)

4 '남을 여(餘)'를 넣어, 빈칸에 알맞은 어휘를 쓰세요.

1 그림을 다 그렸는데도 [ㅇ][ㅂ]이/가 많이 남았습니다. [✎   ]

2 어서 방학이 되어 [ㅇ][ㅇ]이/가 생겼으면 좋겠습니다. [✎   ]

글 쓰며 **표현** 力 높여요

○ '남을 여(餘)'나 '물결 파(波)'가 들어가는 어휘를 넣어서 글을 써 보세요.

오른쪽 그림은 빈센트 반 고흐가 그린 바다 풍경을 한 학생이 따라 그린 것입니다. 그림을 보고 드는 느낌을 써 보세요.

도움말 여유, 여백, 여운 등에 '남을 여(餘)'가 들어가요.
여파, 파도, 파동 등에 '물결 파(波)'가 들어가요.

예 일렁이는 파도를 따라 떠다니는 조각배의 모습이 여유로워 보여요. 그림 아래쪽은 배를 그리지 않고 물결만 표현하고 있어서 여백의 미가 느껴져요.

따라 쓰며 **한자** 力 완성해요

餘	波				
남을 여	물결 파				

오늘의 학습을 평가해 보아요. 😞 부족함 😐 보통임 😊 잘함

1~2 다음 글을 읽고, 물음에 답하세요.

운동장에서 학생들의 함성(喊聲)이 와아, 들려옵니다. 오늘은 운동회가 있는 날이에요. 학생들, 선생님들, 부모님과 가족들까지 모두 참여하는 날이다 보니 운동장에 많은 인파(人波)가 모였습니다. 청군과 백군으로 나누어진 학생들은 선생님의 지시(指示)에 따라 줄을 맞추고 자기 자리를 찾아갑니다. 다같이 힘을 합하여 줄다리기를 할 때는 저절로 친구들 사이에 유대(紐帶)가 생깁니다. 앞의 경기를 망쳤더라도 다음 경기에 열심히 참여하여 명예를 회복(回復)할 수 있으니, 매 순간 웃음꽃만 피어납니다. 이기든, 지든 아무 상관없어요. 모든 것은 우리의 경험이 되고 친구들과 만드는 소중한 추억이 될 테니까요.

1 이 글의 핵심 내용을 파악하여 빈칸에 알맞은 말을 쓰세요.

{ 친구들과 함께 하는 즐거운 ☐☐☐. }

2 이 글의 내용으로 알맞지 <u>않은</u> 것의 기호를 쓰세요.

㉠ 학생들은 청군과 백군으로 나누어져 운동회를 하였다.

㉡ 운동회에 학생, 선생님, 부모님과 가족들까지 참여하였다.

㉢ 선생님은 학생들을 상대로 경기에서 이기며 명예를 회복했다.

[✎　　　　]

생활 속 성어

궁 여 지 책

다할窮　남을餘　어조사之　꾀策

'궁한 나머지 생각다 못하여 짜낸 계책.'이라는 뜻으로, 막다른 골목에서 벗어나기 위해 짜내는 계책을 의미합니다. 곤경에 처한 상황에서 벗어나기 위해, 썩 내키지는 않지만 겨우겨우 생각해 낸 대책을 나타낼 때 쓰입니다.

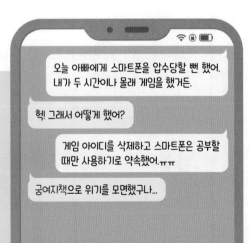

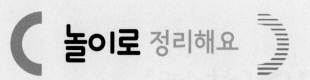

놀이로 정리해요

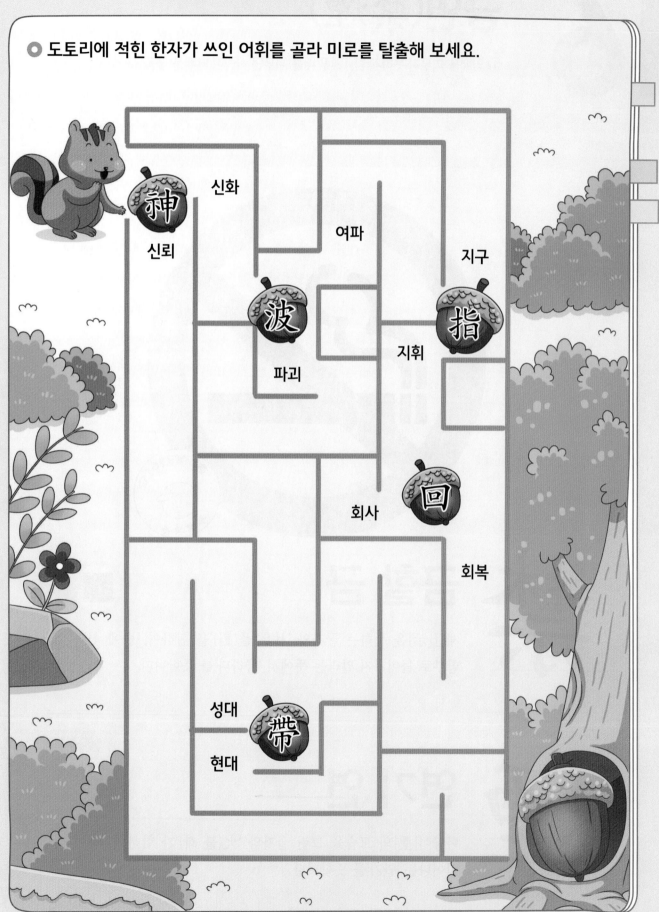

정답과 해설 121쪽

● 도토리에 적힌 한자가 쓰인 어휘를 골라 미로를 탈출해 보세요.

神 신화 / 신뢰

波 여파 / 파괴 / 지휘

指 지구 / 지휘

回 회사 / 회복

帶 성대 / 현대

16 금연(禁煙)

① 담배를 피우지 못하게 함. ② 담배를 피우던 사람이 담배를 끊음.

禁 금할 금

영상으로
필순 보기

제단[示]을 뜻하는 글자와 '林(수풀 림)'을 합하여, 숲에 신이 있으니
함부로 들어가지 말라는 뜻에서 '금하다'를 뜻합니다.

煙 연기 연

영상으로
필순 보기

아궁이[垔]의 모습을 그린 글자와 '火(불 화)'가 합하여, 불이 타면서
일어나는 '연기'를 뜻합니다.

정답과 해설 122쪽

○ [1~4] 예문을 보고, 어휘의 알맞은 뜻을 찾아 ✓표를 하세요.

체육

금 주
금할 禁 술 酒

건강한 성장을 위해 <u>금주</u> 서약서를 작성합니다.

↘ 1 ☐ 담배를 피우지 못하게 함. 또는 담배를 피우던 사람이 담배를 끊음.

✓ 술을 마시지 못하게 함. 또는 술을 마시던 사람이 술을 줄이거나 끊음.

금 물
금할 禁 물건 物

더운 날씨일 때에도 찬 음료를 지나치게 많이 마시는 것은 <u>금물</u>이다.

↘ 2 ☐ 해서는 안 되는 일.

☐ 실현될 가능성이 없는 일.

과학

연 기
연기 煙 기운 氣

열화상 사진기를 사용하면 화재 현장의 <u>연기</u> 속에서도 안전한 길을 찾을 수 있습니다.

↘ 3 ☐ 정해진 기한을 뒤로 물려서 늘림.

☐ 무엇이 불에 탈 때에 생겨나는 흐릿한 기체나 기운.

과학

매 연
그을음 煤 연기 煙

공장이나 자동차의 <u>매연</u>에서 나오는 이산화탄소가 많아지면 지구의 온도가 올라가요.

↘ 4 ☐ 연료가 탈 때 나오는, 그을음이 섞인 연기.

☐ 공기가 더러워지거나 해로운 물질에 물듦.

문제로 어휘 力 높여요

1 빈칸에 '금할 금(禁)'이 들어간 어휘를 쓰세요.

1 이 건물은 [ ] 구역이기 때문에 담배를 피우면 안 됩니다.

2 약주를 많이 드시던 아버지께서는 건강을 위해 올해부터 [ ]을/를 하기로
결심하셨습니다.

2 밑줄 친 어휘의 알맞은 뜻을 고르세요.

> 환자에게 다음 음식은 <u>금물</u>이니, 꼭 지켜 주세요.

① 먹지 말라.　　　　② 좋은 물이다.　　　　③ 건강에 좋다.
④ 비싼 물건이다.　　　⑤ 귀한 물건이다.

3 밑줄 친 곳에 공통으로 들어갈 어휘를 고르세요.

> "아니 땐 굴뚝에 _____ 날까."는 아궁이에 불을 때야 굴뚝에서 _____
> 이/가 나오는 것처럼, 어떤 일이든 원인이 있으니 그 결과가 있다는 속담이에요.

① 불　　　② 소리　　　③ 연기　　　④ 화재　　　⑤ 먼지

4 빈칸에 '연(煙)' 자가 들어간 어휘를 쓰세요.

> 생태계를 보호하려면 자동차나 공장의 [ㅁ ㅇ] 양을 줄여야 합니다.

[✎]

○ '금할 금(禁)'이나 '연기 연(煙)'이 들어가는 어휘를 넣어서 글을 써 보세요.

내가 사는 도시는 오염된 잿빛 공기로 가득하고, 길거리에 쓰레기와 담배꽁초를 버리는 어른도 있어요. 이곳에 다시 꽃이 피고, 푸른 나무들로 생기가 넘칠 수 있도록 어른들에게 한마디 건네 보세요.

도움말 금연, 금주, 금물, 금지 등에 '금할 금(禁)'이 들어가요.
연기, 매연, 흡연 등에 '연기 연(煙)'이 들어가요.

예 공장 관계자님, 공장 굴뚝에서 뿜어져 나오는 연기는 대기 오염의 원인이에요. 매연의 배출량을 줄여서 대기를 오염시키는 일을 금지해 주세요. 맑은 공기를 마시며 살아가고 싶어요.

따라 쓰며 **한자**力 완성해요

禁	煙				
금할 금	연기 연				

오늘의 학습을 평가해 보아요. ☹ 부족함 ☺ 보통임 ☻ 잘함

17 소방(消防)

불이 났을 때 불을 끄거나 화재를 예방함.

消 사라질 소

영상으로
필순 보기

'氵(水, 물 수)'와 '肖(작을 초)'가 합하여, 물이 더 작아져 없어진다는 의미에서 '사라지다'를 뜻합니다.

防 막을 방

영상으로
필순 보기

언덕을 뜻하는 '阝(阜, 언덕 부)'와 농기구를 그린 '方(모 방)'이 합하여, 농기구로 언덕을 쌓아서 막아 놓는다는 의미에서 '막다'를 뜻합니다.

◎ [1~4] 다음 어휘를 살펴보고, 빈칸에 알맞은 어휘를 찾아 한글로 쓰세요.

실과
소비 사라질 消, 쓸 費

과학
소화 사라질 消, 될 化

체육
방어 막을 防, 막을 禦

사회
예방 미리 豫, 막을 防

소방
사라질 消 | 막을 防

1 항문은 [　　　　]되지 않은 음식물 찌꺼기를 배출합니다.

↪ ① 섭취한 음식물을 분해하여 영양분을 흡수하기 쉬운 형태로 변화시키는 일.
② 주어진 일을 해결하거나 처리함.

2 용돈을 합리적으로 [　　　　]하려면 어떻게 해야 할까요?

↪ 돈이나 물건, 시간, 노력 등을 들이거나 써서 없앰.

3 경찰서는 범죄를 [　　　　]하여 안전을 책임지고 질서를 유지합니다.

↪ 질병이나 재해 등이 일어나기 전에 미리 대처하여 막음.

4 씨름을 할 때에 상대방의 공격을 [　　　　]하고 적절하게 반격하였나요?

↪ 상대편의 공격을 막음.

1 밑줄 친 부분에 왼쪽의 한자(漢子)가 쓰이지 <u>않은</u> 것을 고르세요.

消
사라질 소

① <u>소</u>방　　　② <u>소</u>금　　　③ <u>소</u>독

④ <u>소</u>비자　　⑤ <u>소</u>화기

2 '소비(消費)' 계획으로 보기 <u>어려운</u> 것에 ✔표를 하세요.

○월의 용돈 '소비' 계획	☐ 친구 생일 선물 사기
	☐ 서점에서 책 두 권 사기
	☐ 부모님의 일을 도와 용돈 늘리기

3 밑줄 친 '소화'의 뜻이 나머지와 <u>다른</u> 것의 기호를 쓰세요.

㉠ 너무 먹어서 <u>소화</u>가 잘 되지 않는지 속이 더부룩해.

㉡ 주연 배우는 어리숙한 푼수 연기를 완벽하게 <u>소화</u>했어.

㉢ 위는 <u>소화</u>를 돕는 액체를 내보내 음식물을 잘게 분해해요.

[✏️　　　　　]

4 빈칸에 알맞은 글자를 쓰세요.

1 식당은 식중독과 같은 질병을 [　　] 방하기 위해 「식품위생법」을 잘 지켜야 한다.

　　뜻 질병이나 재해 등이 일어나기 전에 미리 대처하여 막음.

2 태권도에는 지르기 등의 공격 기술과 얼굴 막기, 아래 막기 등의 방 [　　] 기술이 있어요.

　　뜻 상대편의 공격을 막음.

● '사라질 소(消)'나 '막을 방(防)'이 들어가는 어휘를 넣어서 글을 써 보세요.

연일 불이 났다는 기사가 방송되고 있어요. 목숨을 걸고 불을 끄는 소방관들을 보니 가슴이 뭉클해요. 주변에서 더 이상 화재가 발생하지 않도록, 화재 관련 주의 사항을 써 보세요.

도움말 소화기, 소멸, 소모 등에 '사라질 소(消)'가 들어가요.
소방, 예방, 방지, 방패 등에 '막을 방(防)'이 들어가요.

예 불이 나면 생명이 위험해지는 것은 물론, 우리의 소중한 집과 물건도 소멸할 수 있어요. 집 안에 소화기를 두면 화재의 위험을 막는 방패가 되어 줄 거예요.

따라 쓰며 **한자力**완성해요

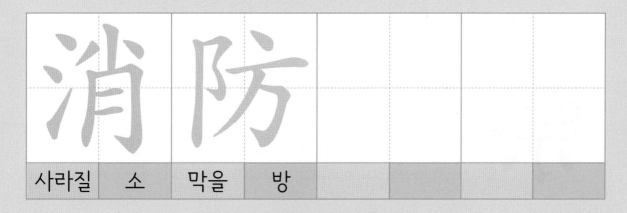

消	防				
사라질 소	막을 방				

오늘의 학습을 평가해 보아요. 😞 부족함 😐 보통임 😊 잘함

검찰(檢察)

범죄를 수사하거나 증거를 모으는 일. 또는 그 일을 맡아보는 기관.

檢 검사할 검

영상으로
필순 보기

옛날에 문서를 상자에 넣고 구분하기 위해 뚜껑에 서명하던 글자였습니다. 여기에서 '조사하다', '검사하다'라는 뜻이 나왔습니다.

察 살필 찰

영상으로
필순 보기

'宀(집 면)'과 '祭(제사 제)'를 합하여, 제사를 지내기 전에 잘 준비되었는지 살펴본다는 의미에서 '살피다'를 뜻합니다.

◎ [1~4] 다음 어휘를 살펴보고, 빈칸에 알맞은 어휘를 찾아 한글로 쓰세요.

검찰
검사할 檢   살필 察

국어
점검   점 點, 검사할 檢

과학
검색   검사할 檢, 찾을 索

사회
경찰   경계할 警, 살필 察

도덕
성찰   살필 省, 살필 察

1 ☐☐☐ 은 우리가 바람직한 사람으로 자라는 데 꼭 필요합니다.

↘ 자기의 마음을 반성하고 살핌.

2 ☐☐☐ 은 ○○○ 씨를 「저작권법」 위반 혐의로 조사 중입니다.

↘ 사회의 질서를 유지하고 국민의 안전과 재산을 지키는 임무.
또는 그러한 임무를 담당하는 국가 기관.

3 ☐☐☐ 기준표를 만들어 내가 쓴 글에서 고쳐 쓸 점을 생각해 봅시다.

↘ 낱낱이 검사함. 또는 그런 검사.

4 어떤 말로 ☐☐☐ 해야 지구 표면의 다양한 모습을 찾아볼 수 있을까요?

↘ 책이나 컴퓨터에서, 목적에 따라 필요한 자료들을 찾아내는 일.

문제로 어휘 力 높여요

1 다음 질문에 가장 가까운 답을 고르세요.

> 저는 앞으로 사회 질서를 유지하는 데에 힘쓰고, 국민의 안전과 재산을 보호하는 직업을 갖고 싶어요. 저의 꿈은 무엇일까요?

① 경찰   ② 가수   ③ 의사   ④ 목수   ⑤ 농부

2 '검사할 검(檢)'이 들어간 어휘를 <u>잘못</u> 사용한 문장의 기호를 쓰세요.

> ㉠ 이미 푼 수학 문제를 한 번 더 <u>검산</u>하여 확인했다.
> ㉡ 건강한 사람이라도 정기적으로 병원에 가서 <u>검색</u>을 받는 것이 좋다.

[   ]

3 보기 의 문장에서 사용한 '검찰'의 뜻에 ✔표를 하세요.

보기

> 죄인들은 <u>검찰</u>로 넘겨져 밤새 조사가 진행 중이다.

☐ 범죄를 수사하거나 증거를 모으는 일을 하는 기관.

☐ 담당 사무원이 차표, 배표, 비행기표, 입장권 등을 검사함.

4 밑줄 친 어휘와 뜻이 가장 비슷한 어휘에 ✔표를 하세요.

> 그는 오랜 <u>성찰</u>을 통해 깊은 깨달음을 얻었다.

☐ 판단   ☐ 결심   ☐ 의식   ☐ 반성

○ '검사할 검(檢)'이나 '살필 찰(察)'이 들어가는 어휘를 넣어서 글을 써 보세요.

이번 주 과제는 내일 더 나은 '나'가 되기 위한 '반성 일기'를 쓰는 것이에요. 나의 모습을 되돌아보며 반성할 일을 적고, 앞으로 어떻게 생활하고 싶은지 각오를 다져 보세요.

오늘 하루

도움말 점검, 검색, 검사, 검토 등에 '검사할 검(檢)'이 들어가요.
경찰, 성찰, 관찰, 통찰 등에 '살필 찰(察)'이 들어가요.

예 나의 하루를 점검해 보니, 쓸데없는 것을 검색하는 데에 시간을 낭비하고 있었다. 발명가라는 꿈을 이루기 위해 주변을 탐구하고 관찰하는 것에 시간을 많이 써야지!

따라 쓰며 **한자** 力 완성해요

檢	察				
검사할 검	살필 찰				

오늘의 학습을 평가해 보아요. 😞 부족함 😐 보통임 😊 잘함

85

19

청구(請求)

남에게 돈이나 물건 등을 달라고 요구함.

請 청할 청

영상으로
필순 보기

뜻을 나타내는 '言(말씀 언)'과 음을 나타내는 '靑(푸를 청)'을 합한 글
자로, 무엇을 '청하다', '요구하다'를 뜻합니다.

求 구할 구

영상으로
필순 보기

'털 가죽옷'을 표현한 글자로, 털 가죽옷은 비싸고 구하기 어렵다는 의
미에서 '구하다', '청하다'를 뜻합니다.

정답과 해설 125쪽

○ [1~4] 예문을 보고, 어휘의 알맞은 뜻을 찾아 ✓표를 하세요.

사회

신 청
펼 申 | 청할 請

주민들은 공공 기관에 요청하고 싶은 내용을 민원 신청 게시판에 남길 수 있습니다.

↳ **1** ☐ 단체나 기관을 믿고 따름.

☑ 담당 기관에 어떤 일을 해 줄 것을 정식으로 요구함.

실과

초 청
부를 招 | 청할 請

전문 직업인을 초청하여 강연을 들으면 다양한 직업 정보를 알 수 있어요.

↳ **2** ☐ 다른 사람을 청하여 부름.

☐ 어떤 일에 나서기를 스스로 청함.

도덕

욕 구
하고자할 欲 | 구할 求

욕구를 적절하고 바르게 조절하고 표현하는 방법을 배워 봅시다.

↳ **3** ☐ 무엇을 얻거나 무슨 일을 하고자 바라는 일.

☐ 분수에 넘치게 무엇을 탐내거나 누리고자 하는 마음.

국어

추 구
쫓을 追 | 구할 求

인물의 말이나 행동에는 그 인물이 추구하는 가치가 담겨 있어요.

↳ **4** ☐ 목적을 이룰 때까지 뒤좇아 구함.

☐ 실제로 경험하지 않은 것을 마음속으로 그려 봄.

문제로 어휘력 높여요

1 빈칸에 공통으로 들어갈 글자를 고르세요.

> ☐첩장
>
> 두 사람이 사랑의 결실을 맺는 날에, 소중한 인연을 초☐합니다.

① 구(구할 求)　　　② 청(청할 請)　　　③ 대(대할 對)
④ 추(쫓을 追)　　　⑤ 욕(하고자 할 欲)

2 빈칸에 알맞은 어휘를 각각 쓰세요.

> 학생: 미술 특강을 **1** ☐ㅅㅊ☐ 하려면 어떻게 해야 하나요?
>
> 직원: 여기 안내문이 있어요. 재료비 **2** ☐ㅊㄱ☐ 내용을 꼭 확인해 주세요.

1 [✎ 　　　　]　　　**2** [✎ 　　　　]

3 '욕구(欲求)'와 관련이 없는 것에 ✔표를 하세요.

☐ 방학 동안 여행을 떠나고 싶은 마음.
☐ 배가 고플 때에 음식을 먹고 싶은 마음.
☐ 게으름을 피우다가 늦은 것을 후회하는 마음.

4 '구할 구(求)'를 넣어, 빈칸에 들어갈 어휘를 쓰세요.

누구나 자신의 행복을 ☐☐☐할 권리가 있다.

↳ 목적을 이룰 때까지 뒤쫓아 구함.

글 쓰며 **표현** 力 높여요

정답과 해설 125쪽

○ '청할 청(請)'이나 '구할 구(求)'가 들어가는 어휘를 넣어서 글을 써 보세요.

우리 마을의 누리집에는 어린이가 '우리 마을에 바라는 점'을 쓸 수 있는 게시판이 있어요! 우리 마을이 개선해야 할 점을 찾아보고, 게시판에 글을 남겨 보세요.

도움말 신청, 청원, 요청, 초청 등에 '청할 청(請)'이 들어가요.
청구, 욕구, 추구, 요구 등에 '구할 구(求)'가 들어가요.

예 우리 마을의 놀이터가 오래되어 망가진 놀이 기구가 많아요. 놀이 기구를 교체해 주실 것을 청원합니다. 어린이들의 안전을 위해서 저희의 요구를 꼭 들어 주세요.

따라 쓰며 **한자** 力 완성해요

請	求			
청할 청	구할 구			

오늘의 학습을 평가해 보아요. ☹ 부족함 😐 보통임 😊 잘함

20 협조(協助)

힘을 보태어 도움.

協 화합할 협

영상으로
필순 보기

'十(열 십)'에 농기구 모양을 본뜬 '力(힘 력)'을 합하여, 힘을 합쳐 밭을 갈아 목표를 이룬다는 의미에서 '화합하다', '협력하다'를 뜻합니다.

助 도울 조

영상으로
필순 보기

비석을 그린 '且(또 차)'와 '力(힘 력)'을 합하여, 큰 비석을 세우기 위해 서로 힘을 합쳐 거든다는 의미에서 '돕다'를 뜻합니다.

○ [1~4] 다음 어휘를 살펴보고, 빈칸에 알맞은 어휘를 찾아 한글로 쓰세요.

음악
협력 화합할 協, 힘 力

사회
타협 온당할 妥, 화합할 協

국어
조언 도울 助, 말씀 言

과학
보조 도울 補, 도울 助

협 조
화합할 協 도울 助

1 친구들과 [　　　　] 하여 음악으로 장면을 표현하는 활동을 해 봅시다.

↳ 힘을 합하여 서로 도움.

2 과학자들은 몸속의 기관을 [　　　　] 하거나 대신하는 인공 기관을 연구해요.

↳ 보태어 도움.

3 의견이 서로 다를 때에는 충분히 대화하고 [　　　　] 을/를 하여 결정합니다.

↳ 어떤 일을 서로 양보하여 협의함.

4 반려동물의 법률 문제를 [　　　　] 해 주거나 해결하는 '동물 변호사'는 미래의 유망한 직업입니다.

↳ 말로 거들거나 깨우쳐 주어서 도움. 또는 그 말.

1 밑줄 친 곳에 공통으로 들어갈 어휘를 고르세요.

> • 여러분의 적극적인 _____(으)로 행사를 무사히 마칠 수 있었습니다.
>
> • 행사장이 혼잡하니, 꼭 대중교통을 이용해 주시기를 _____ 부탁드립니다.

① 협조　　　　② 협회　　　　③ 협상　　　　④ 구조　　　　⑤ 개조

2 '협력(協力)'의 필요성을 알려 주는 속담에 ○표를 하세요.

비 온 뒤 땅이 굳는다	달면 삼키고 쓰면 뱉는다
백지장도 맞들면 낫다	뛰는 놈 위에 나는 놈 있다

3 빈칸에 들어갈 어휘를 **보기**에서 골라 한글로 쓰세요.

> **보기**
>
> 조언(도울 助, 말씀 言)　　　　　보조(도울 補, 도울 助)

1 의사는 체력을 기르려면 규칙적인 운동을 해야 한다고 [　　　　]했다.

2 그는 나라로부터 학비 [　　　　]을/를 받아, 원하던 유학을 갈 수 있었다.

4 밑줄 친 상황과 가장 거리가 <u>먼</u> 어휘에 ✔표를 하세요.

> 민준이와 원우는 <u>서로 이해하고 자신의 주장을 조금씩 굽혀 갈등을 해결했어요.</u>

☐ 양보　　　　☐ 타협　　　　☐ 참견

○ '화합할 협(協)'이나 '도울 조(助)'가 들어가는 어휘를 넣어서 글을 써 보세요.

요즘 우리 반은 연극 공연을 앞두고 준비가 한창이에요. 그런데 자꾸 연습에 나오지 않는 친구들이 있어서 어려움을 겪고 있어요. 멋진 연극을 완성하기 위해 친구들에게 보낼 단체 메시지를 써 보세요.

도움말 협력, 타협, 협동 등에 '화합할 협(協)'이 들어가요.
조언, 보조, 조수 등에 '도울 조(助)'가 들어가요.

(예) 친구들! 혹시 연극 공연과 관련해서 의견이 다르다면, 이야기를 나누고 타협해 보자.
선생님께도 조언을 구하면 도와주실 거야. 우리가 협동하면 좋은 경험이 될 수 있어.

따라 쓰며 **한자力** 완성해요

協	助			
화합할 협	도울 조			

오늘의 학습을 평가해 보아요. ☹ 부족함 ☺ 보통임 ☺ 잘함

93

1~2 다음 글을 읽고, 물음에 답하세요.

우리 아파트에서는 돌아오는 금요일, 화재 예방(豫防)을 위한 소방(消防) 교육을 실시합니다. 현직 소방관과 경찰(警察)이 직접 방문하여, 화재 발생 시 대처 방법과 연기(煙氣)를 마셨을 때의 응급 처치 방법, 소화기 점검(點檢) 방법 등을 자세하게 알려 줄 예정입니다. 아울러 소화기로 직접 불을 꺼 보거나, 실제 상황에 대비한 대피 훈련도 진행합니다. 훈련에 방해되는 행동은 금물(禁物)이니 주의해 주시기를 부탁드립니다.

다른 아파트 주민을 초청(招請)하여 함께 교육받을 수 있으니, 원하시는 분은 교육 3일 전까지 신청(申請)해 주세요. 이번 소방 교육으로 화재가 발생했을 때 피해를 막을 수 있도록, 주민 여러분의 협조(協助)를 부탁드립니다.

1 이 글의 중심 내용을 파악하여 빈칸에 알맞은 어휘를 쓰세요.

> 화재 예방을 위한 ☐☐☐☐ 교육을 실시할 것임.

2 이 글에서 안내한 내용으로 알맞지 <u>않은</u> 것을 고르세요.

① 돌아오는 금요일에 소방 교육이 있다.

② 현직 소방관과 경찰이 직접 방문할 예정이다.

③ 다른 아파트 주민의 참여를 교육 당일에 신청할 수 있다.

④ 소화기를 사용하여 직접 불을 끄는 훈련에 참여할 수 있다.

⑤ 화재 발생 시 대처 방법, 소화기 점검 방법 등을 배울 수 있다.

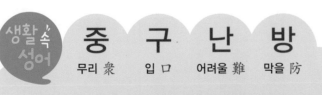

생활 속 성어

중 구 난 방

무리 衆 입 口 어려울 難 막을 防

'여러 사람의 입은 막기 어렵다.'라는 뜻입니다. 막기 어려울 정도로 여럿이 마구 떠들어 대는 상황을 가리킬 때 주로 쓰입니다. 이 외에도 여러 사람의 정당한 요구는 결국 받아들여진다는 의미로도 쓰이기도 합니다.

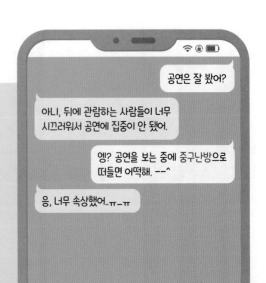

> 공연은 잘 봤어?
>
> 아니, 뒤에 관람하는 사람들이 너무 시끄러워서 공연에 집중이 안 됐어.
>
> 엥? 공연을 보는 중에 중구난방으로 떠들면 어떡해. --^
>
> 응, 너무 속상했어..ㅠ-ㅠ

놀이로 정리해요

정답과 해설 127쪽

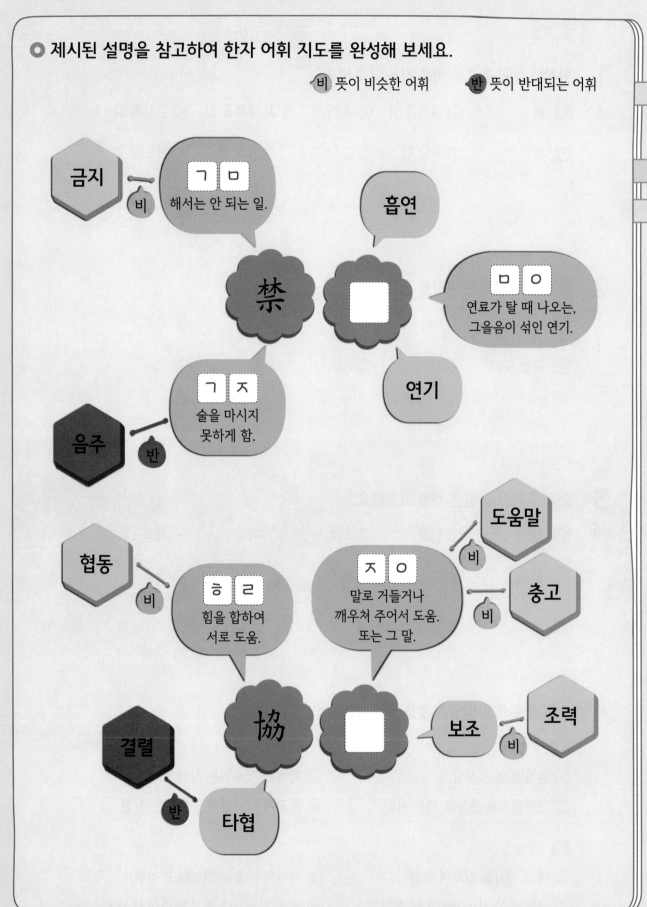

급수 시험 맛보기

1 한자의 뜻과 음으로 바른 것을 고르세요.

1 新   ① 거스를 역   ② 소리 성   ③ 새로울 신   ④ 검사할 검

2 禁   ① 지날 경   ② 금할 금   ③ 생각 상   ④ 거느릴 통

2 뜻과 음에 알맞은 한자를 고르세요.

1 지을 조   ① 職   ② 壓   ③ 造   ④ 協

2 구할 구   ① 味   ② 境   ③ 復   ④ 求

3 어휘를 바르게 읽은 것을 고르세요.

1 確保   ① 안보   ② 보호   ③ 확실   ④ 확보

2 餘波   ① 파동   ② 한파   ③ 여파   ④ 여유

4 어휘의 뜻으로 알맞은 것을 고르세요.

1 官吏

① 관직에 있는 사람.   ② 학생을 가르치는 사람.

③ 전문적으로 운동을 하는 사람.   ④ 학교에 다니면서 공부하는 사람.

2 助言

① 다른 사람을 청하여 부름.   ② 자기의 마음을 반성하고 살핌.

③ 어떤 일을 서로 양보하여 협의함.   ④ 말로 거들거나 깨우쳐 주어서 도움.

5 밑줄 친 어휘를 바르게 읽은 것을 고르세요.

1 산에서 우리들의 喊聲이 메아리가 되어 울렸다.

① 가성   ② 함성   ③ 함축   ④ 조성

2 이 소설의 뒷이야기는 독자 분들의 想像에 맡깁니다.

① 가상   ② 상징   ③ 상상   ④ 회상

6 밑줄 친 어휘를 한자로 바르게 쓴 것을 고르세요.

> 작가는 어린시절의 경험을 바탕으로 소설을 창작했다.

① 創作   ② 創造   ③ 造形   ④ 動作

7 '進擊'과 뜻이 반대인 어휘를 고르세요.

① 進路   ② 後退   ③ 退治   ④ 攻擊

8 빈칸에 공통으로 들어갈 한자를 고르세요.

> ☐防   ☐化   ☐費

① 斷   ② 絶   ③ 回   ④ 消

정답과 해설

완자 공부력 시리즈는
앞으로도 계속 출간될 예정입니다.

국어
맞춤법
바로 쓰기
1~2학년용
4책

쓰기력

전과목
어휘
1~6학년용
12책

전과목
한자
어휘
1~6학년용
12책

영어
파닉스
1~2학년용
2책

영어
영단어
3~6학년용
8책

어휘력

국어
독해
1~6학년용
12책

한국사
독해
인물편
3~6학년용
4책

한국사
독해
시대편
3~6학년용
4책

독해력

수학
계산
1~6학년용
12책

계산력

완자 공부력 시리즈로 공부 근육을 키워요!

매일 성장하는
초등 자기개발서
ⓦ 완자
공부력

학습의 기초가 되는 읽기, 쓰기, 셈하기와 관련된
공부력을 키워야 여러 교과를 터득하기 쉬워집니다.
또한 어휘력과 독해력, 쓰기력, 계산력을 바탕으로 한
'공부력'은 자기주도 학습으로 상당한 단계까지 올라갈 수
있는 밑바탕이 되어 줍니다. 그래서 매일 꾸준한 학습이 가능한
'완자 공부력 시리즈'로 공부하면 자기주도학습이 가능한
튼튼한 공부 근육을 키울 수 있을 것이라 확신합니다.

효과적인 공부력 강화 계획을 세워요!

⊙ 학년별 공부 계획
내 학년에 맞게 꾸준하게 공부 계획을 세워요!

		1-2학년	3-4학년	5-6학년
기본	독해	국어 독해 1A 1B 2A 2B	국어 독해 3A 3B 4A 4B	국어 독해 5A 5B 6A 6B
	계산	수학 계산 1A 1B 2A 2B	수학 계산 3A 3B 4A 4B	수학 계산 5A 5B 6A 6B
	어휘	전과목 어휘 1A 1B 2A 2B	전과목 어휘 3A 3B 4A 4B	전과목 어휘 5A 5B 6A 6B
		파닉스 1 2	영단어 3A 3B 4A 4B	영단어 5A 5B 6A 6B
확장	어휘	전과목 한자 어휘 1A 1B 2A 2B	전과목 한자 어휘 3A 3B 4A 4B	전과목 한자 어휘 5A 5B 6A 6B
	쓰기	맞춤법 바로 쓰기 1A 1B 2A 2B		
	독해		한국사 독해 인물편 1 2 3 4	
			한국사 독해 시대편 1 2 3 4	

○ 시기별 공부 계획

학기 중에는 **기본**, 방학 중에는 **기본 + 확장**으로 공부 계획을 세워요!

방학 중			
학기 중			
기본			확장
독해	계산	어휘	어휘, 쓰기, 독해
국어 독해	수학 계산	전과목 어휘	전과목 한자 어휘
		파닉스(1~2학년) 영단어(3~6학년)	맞춤법 바로 쓰기(1~2학년) 한국사 독해(3~6학년)

예시 **초1 학기 중 공부 계획표** 주 5일 하루 3과목 (45분)

월	화	수	목	금
국어 독해	국어 독해	국어 독해	국어 독해	국어 독해
수학 계산	수학 계산	수학 계산	수학 계산	수학 계산
전과목 어휘	파닉스	전과목 어휘	전과목 어휘	파닉스

예시 **초4 방학 중 공부 계획표** 주 5일 하루 4과목 (60분)

월	화	수	목	금
국어 독해	국어 독해	국어 독해	국어 독해	국어 독해
수학 계산	수학 계산	수학 계산	수학 계산	수학 계산
전과목 어휘	영단어	전과목 어휘	전과목 어휘	영단어
한국사 독해 인물편	전과목 한자 어휘	한국사 독해 인물편	전과목 한자 어휘	한국사 독해 인물편

01 가상(假想)

◐ '거짓 가(假)'와 '생각 상(想)'이 들어간 어휘   본문 9쪽

1	가면(假面)	☐ 추위로부터 몸을 보호하기 위해 머리에 쓰는 물건.
		☑ 자신을 감추거나 달리 꾸미기 위해 얼굴에 쓰는 물건.
2	가정(假定)	☑ 임시로 사실인 것처럼 인정함.
		☐ 사실보다 지나치게 불려서 나타냄.
3	예상(豫想)	☐ 지난 일을 돌이켜 생각함.
		☑ 앞으로 일어날 일을 미리 헤아려 봄.
4	상상(想像)	☐ 현실성이나 가능성이 없는 헛된 생각을 함.
		☑ 실제로 경험하지 않은 일이나 사물을 마음속으로 그려 봄.

문제로 어휘 力 높여요   본문 10쪽

1 想

제시된 설명에 해당하는 어휘는 각각 감상(感想)과 명상(冥想)으로, 모두 '생각 상(想)'이 쓰였다. 두 번째 한자는 '서로 상(相)', 세 번째 한자는 '위 상(上)', 네 번째 한자는 '모양 상(像)'이다.

2 **1** 상상해 보며   **2** 가상 현실을

1 '상상(想像)'은 실제로 경험하지 않은 일이나 사물을 마음속으로 그려 본다는 뜻이므로 미래의 나의 모습을 그려 본다는 말은 '상상해 보며'와 바꾸어 쓸 수 있다.

2 '가상(假想)'은 사실 여부가 분명하지 않은 것을 사실인 것처럼 생각한다는 뜻이므로 실제와 비슷한 세계라는 말은 '가상 현실'과 바꾸어 쓸 수 있다.

3 ②

'예상(豫想)'은 '앞으로 일어날 일을 미리[豫] 헤아려[想] 봄.'이라는 뜻이므로, ②가 가장 적절하다.

4 **1** 가면   **2** 가정

1 탈춤은 탈(가면)을 쓰고 추는 춤이므로, 빈칸에는 '가면(假面)'이 들어갈 수 있다.

2 체험 학습 시간에 비가 내린다고 임시로 정하고, 어떤 활동으로 바꿀 수 있는지 묻는 내용이므로, 빈칸에는 '가정(假定)'이 들어갈 수 있다.

글 쓰며 표현 力 높여요   본문 11쪽

예시 전 제가 아기였던 때로 가 볼래요. 부모님이 그때를 회상하실 때마다, 제가 기억하지 못하는 시절이 무척 궁금했거든요. 아기인 제 모습을 상상하니 엄청 귀여울 것 같아요.

창조(創造)

○ '비롯할 창(創)'과 '지을 조(造)'가 들어간 어휘　　　　　　　　　　　　　　　　　　　본문 13쪽

1	창작(創作)	☐ 원래의 것과 똑같이 만들어 냄. 또는 그렇게 만든 물건.
		☑ 처음으로 만들거나 지어냄. 또는 그렇게 만든 물건이나 예술품.
2	창의력(創意力)	☑ 새로운 것을 생각해 내는 능력.
		☐ 익숙한 것을 생각해 내는 능력.
3	조성(造成)	☑ 무엇을 만들어서 이룸.
		☐ 무엇을 허물거나 없앰.
4	조형(造形)	☑ 구체적인 형태나 형상을 만듦.
		☐ 추상적인 형태나 형상을 생각함.

문제로 어휘力 높여요

본문 14쪽

1 ①

요리사가 전에 없던 요리법으로 새로운 음식을 만들었다고 했으므로, 전에 없던 것을 처음으로 만듦을 의미하는 '창조(創造)'와 바꾸어 쓸 수 있다. ② '모방(模倣)'은 다른 것을 본뜨거나 본받음을 의미하고, ③ '복사(複寫)'는 원본을 베낌, ④ '삭제(削除)'는 깎아 없애거나 지워 버림, ⑤ '거절(拒絶)'은 상대편의 요구, 제안, 선물, 부탁 등을 받아들이지 않고 물리침을 의미한다.

2 창의력

남들이 생각하지 못한 독창적인 춤을 춰 보라고 했으므로, 새로운 것을 생각해 내는 능력을 의미하는 '창의력(創意力)'이 적절하다.

3 **1** ㉠　　**2** ㉡

1 '창작(創作)'은 처음으로 만들거나 지어냄, 또는 그렇게 만든 물건이나 예술품이라는 의미이므로 ㉠이 적절하다.
2 '조성(造成)'은 무엇을 만들어서 이룸을 의미하므로 ㉡이 적절하다.

4 조형

구체적인 모양을 만든다는 뜻이라고 하였으므로, 빈칸에는 구체적인 형태나 형상을 만드는 것을 의미하는 '조형(造形)'이 적절하다.

글 쓰며 표현力 높여요

본문 15쪽

예시 내가 조물주라면 사랑하지만 만날 수 없는 사람들과 영상 통화를 할 수 있는 전화기를 제조하고 싶어요. 돌아가신 부모님과도, 북한에 있는 이산가족과도 언제든 이야기를 나눌 수 있다면, 따뜻한 세상이 창조될 거예요.

03 혁신(革新)

본문 17쪽

○ '가죽/바꿀 혁(革)'과 '새로울 신(新)'이 들어간 어휘

1　 신문 　기사나 방송으로 교통사고 소식을 자주 접할 수 있다.

2　제철 식품은 거둔 지 얼마 되지 않아 　신선 　하기 때문에 더욱 맛있어.

3　이성계는 신진 사대부와 함께 여러 제도를 　개혁 　하고 조선을 세웠다.

4　우리는 최첨단 과학 기술이 삶 속에 녹아든 4차 산업 　혁명 　시대를 살고 있어요.

문제로 어휘⼒높여요

본문 18쪽

1　**혁신**
기존 방식에서 벗어나 새 제품을 개발한 것이므로, 빈칸에는 묵은 제도나 방식 등을 새롭게 바꾼다는 뜻의 '혁신(革新)'이 적절하다. '교환(交換)'은 서로 바꾼다는 뜻이고, '고정(固定)'은 한번 정한 대로 변경하지 않는다는 뜻이고, '관습(慣習)'은 어떤 사회에서 오랫동안 지켜 내려와 그 사회 구성원들이 널리 인정하는 질서나 풍습이라는 뜻이다.

2　**⑤**
'혁(革)' 자는 '가죽'이라는 뜻과 '바꾸다'라는 뜻으로 쓰인다. 밑줄 친 어휘는 제도와 조직 등이 근본적으로 변하는 것을 의미하므로, 이 어휘에서는 '바꾸다'의 뜻으로 쓰였다.

3　**1 싱싱함　2 새로운**
１ '신선(新鮮)'은 새롭고[新] 산뜻함[鮮], 또는 과일이나 생선 등이 싱싱함을 뜻한다.
２ '신문(新聞)'은 새로운[新] 소식[聞], 사건, 사실 등을 널리 알리는 간행물을 뜻한다.

4　**개혁**
홍길동은 신분 제도가 불공평하다고 생각하여 새롭게 뜯어고치고 싶어 하므로, 빈칸에는 제도나 기구 등을 새롭게 뜯어고침을 의미하는 '개혁(改革)'이 들어갈 수 있다.

글 쓰며 표현⼒높여요

본문 19쪽

예시 저는 자연재해로 피해를 본 농가를 살리는 신규 대책을 의논할 생각입니다. 그래서 국민들이 우리 국토에서 나는 신선한 농산물을 마음껏 먹을 수 있게 만들겠습니다.

흥미(興味)

본문 21쪽

○ '일 흥(興)'과 '맛 미(味)'가 들어간 어휘

1 고려 말에는 외적을 물리치며 공을 세운 [신흥] 무인 세력이 등장하였다.

2 다른 낱말로 바꾸어 써도 문장의 [의미] 이/가 자연스러운지 생각해 보세요.

3 난 앞을 보지 못하는 대신 촉각, 후각, [미각] 등 다른 감각들이 발달되어 있어.

4 나는 그 후 여러 날 동안 잠을 잊은 채 그 [흥분]의 도가니 속에 빠지게 되었다.

문제로 어휘力 높여요

본문 22쪽

1 의미를
'의미(意味)'는 말이나 글의 뜻, 또는 행위나 현상이 지닌 뜻을 의미하므로 '뜻을'과 바꾸어 쓸 수 있는 어휘는 '의미를'이 적절하다.

2 ① 흥분 ② 흥미
① 토론장에 열기가 넘친다고 하였으므로 빈칸에는 어떠한 자극을 받아 감정이 북받쳐 일어난다는 뜻의 '흥분(興奮)'이 적절하다.
② 문맥으로 보아 직업을 탐색하는 데 필요한 어휘임을 알 수 있다. 적성, 성격 등의 어휘로 미루어 볼 때, 빈칸에는 마음이 끌릴 만큼 좋은 기분이나 느낌을 의미하는 '흥미(興味)'가 적절하다.

3 미각
맛과 관련된 감각에 대한 내용이므로, '미각(味覺)'이 적절하다. '시각(視覺)'은 눈을 통해 빛의 자극을 받아들이는 감각이고, '청각(聽覺)'은 소리를 느끼는 감각이다. '촉각(觸覺)'은 물건이 피부에 닿아서 느껴지는 감각이다.

4 ⑤
'신흥(新興)'은 새로[新] 일어남[興]을 의미한다.

글 쓰며 표현力 높여요

본문 23쪽

예시 별다른 도구 없이, 동작과 시선만으로 즐길 수 있는 게임을 만들 거예요! 그러면 사람들이 언제 어디서든지 취미로 놀이를 즐길 수 있겠죠? 그렇게 되면 어린이뿐만 아니라 어른들에게도 게임이 신흥 놀이 문화로 거부감 없이 받아들여질 수 있을 것 같아요.

단절(斷絕)

본문 25쪽

○ '끊을 단(斷)'과 '끊을 절(絕)'이 들어간 어휘

1	**차단(遮斷)**	☐ 막혀 있거나 끊긴 것을 이음.
		☑ 흐름, 통로, 관계 등을 막거나 끊음.
2	**분단(分斷)**	☐ 동강을 내어 잘게 부숨.
		☑ 동강이 나게 끊어 가름.
3	**절벽(絕壁)**	☐ 기울기가 가파르지 않은 낮은 언덕.
		☑ 바위가 깎아 세운 것처럼 높이 솟아 있는 험한 낭떠러지.
4	**절망(絕望)**	☐ 끝없이 바람. 또는 그런 상태.
		☑ 모든 희망을 끊어 버림. 또는 그런 상태.

문제로 어휘⑦높여요

본문 26쪽

1 ②

'단절(斷絕)'은 '끊을 단(斷)'과 '끊을 절(絕)'이 합한 어휘로, '허락(許諾)'과 같이 뜻이 비슷한 한자로 이루어졌다.

2 ❶ ㄴ ❷ ㄱ

❶ 광고 메시지를 보내지 못하도록 수신을 막은 것이므로, '차단(遮斷)'의 뜻으로 ㄴ이 적절하다.

❷ 독일이 '동'과 '서'로 갈라졌다는 뜻이므로, '분단(分斷)'의 뜻으로 ㄱ이 적절하다.

3 절벽

'절벽(絕壁)'은 바위가 깎아 세운 것처럼 높이 솟아 있는 험한 낭떠러지를 의미한다. '상공(上空)'은 높은 하늘을 의미하고, '평지(平地)'는 바닥이 평평한 땅을 의미한다. '대지(大地)'는 넓고 큰 땅을 의미한다.

4 절망

문장의 앞부분에서 기쁨, 사랑, 즐거움과 같은 긍정적 어휘가 나열되고, 뒷부분에서 미움, 좌절, 질투와 같은 부정적 어휘가 나열된다. 따라서 빈칸에 '절(絕)' 자가 들어간 부정적 느낌의 어휘인 '절망(絕望)'이 들어가야 흐름이 자연스럽다.

글 쓰며 표현⑦높여요

본문 27쪽

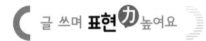 친하게 지냈던 너와 이렇게 단절된 생활을 계속하는 것이 내게는 너무 절망적이야. 이제 그만 오해를 풀고 내 번호 수신 차단했던 것, 풀어 주지 않겠니?

독해로 마무리해요
본문 28쪽

1 증강

이 글은 가상 현실과 증강 현실 기술이 무엇인지 소개하고, 우리 생활에서 활용할 수 있는 방법에 대해 알려 주고 있다.

2 **1** ○ **2** ✕ **3** ○

1 VR/AR 기술을 활용하여 새로운 방식의 프로그램이나 예술 작품을 창조할 수 있다고 하였다.

2 증강 현실이 아닌 가상 현실을 체험할 때 주로 머리에 화면 표시 기기를 착용한다.

3 시간과 공간의 제약으로 단절된 곳을 가상 현실과 증강 현실 기술을 활용하여 간접적으로 체험할 수 있다.

놀이로 정리해요
본문 29쪽

◉ 쪽지를 읽고 친구 집에 가기 위해 타야 할 버스 번호를 맞혀 보세요.

1 4 3 9

안녕? 친구야! 우리 집에 올 때 타야 할 버스 번호가 궁금하지?
아래 뜻풀이에 해당하는 어휘를 순서대로 1~0이 적힌 카드에서 찾아봐.
카드의 숫자를 순서대로 나열하면 버스 번호를 알 수 있을 거야.
10분 뒤에 버스가 도착할 예정이야.
시간이 얼마 남지 않았으니 서둘러! 그럼 이따가 우리 집에서 보자~^^

첫 번째 번호	묵은 제도나 관습, 방식 등을 바꾸어 새롭게 함. - 혁신
두 번째 번호	마음이 끌릴 만큼 좋은 기분이나 느낌. - 흥미
세 번째 번호	관계를 끊음. 흐름이 이어지지 않음. - 단절
네 번째 번호	사실 여부가 분명하지 않은 것을 사실인 것처럼 생각함. - 가상

1 혁신 (革新)　2 예상 (豫想)　3 단절 (斷絕)　4 흥미 (興味)　5 조형 (造形)
6 신문 (新聞)　7 의미 (意味)　8 신선 (新鮮)　9 가상 (假想)　0 미각 (味覺)

혈통(血統)

본문 31쪽

○ '피 혈(血)'과 '거느릴 통(統)'이 들어간 어휘

1	혈관(血管)	☑ 피가 흐르는 몸속의 관.
		☐ 심장에서 피를 밀어 낼 때 생기는 압력.
2	혈액(血液)	☑ 피. 혈관 속에 흐르는 붉은 액체.
		☐ 동물의 몸을 지탱해 주는 희고 단단한 마디.
3	통제(統制)	☐ 나라나 지역을 도맡아 다스림.
		☑ 일정한 방침이나 목적에 따라 행위를 제한함.
4	통일(統一)	☐ 둘 이상으로 나뉘어 갈라짐.
		☑ 나누어진 것들을 합쳐서 하나가 되게 함.

문제로 어휘力 높여요

본문 32쪽

1 핏줄
'혈통'은 '피 혈(血)'과 '거느릴 통(統)'으로 이루어진 어휘로, 같은 핏줄에서 갈라져서 이어진 자손이나 그 공동체를 뜻한다.

2 ① 액   ② 관
① 피의 종류, 즉 '혈액형(血液型)'에 대한 내용이므로 빈칸에 들어갈 글자는 '액'이다.
② 피가 흐르는 통로, 즉 '혈관(血管)'에 대한 내용이므로 빈칸에 들어갈 글자는 '관'이다.

3 ⑤
'휴지통(休紙桶)'은 못 쓰게 된 종이나 쓰레기를 버리는 통으로, 무엇을 담기 위한 그릇이라는 의미의 '통(桶)' 자를 쓴다. '통치(統治), 통합(統合), 체통(體統), 대통령(大統領)'은 모두 '거느리다'를 의미하는 '통(統)' 자를 쓴다.

4 ① 통제   ② 통일
① 포로들은 행위가 제한된 '통제(統制)'와 감시 속에서 불안에 시달리고 있다는 내용의 문장이다.
② 남과 북이 나누어져 있기 때문에 하나가 되게 하는 '통일(統一)'을 소원한다는 내용의 문장이다.

글 쓰며 표현力 높여요

본문 33쪽

예시 우람아, 고지혈증이 걸리면 혈관에 무리가 생겨서 심장 등 순환기 계통에 문제가 생긴대. 내일부터는 몸에 좋지 않은 음식은 통제하고 제철에 나는 좋은 재료로 만든 음식을 먹자.

07 관직(官職)

○ '벼슬 관(官)'과 '일/직분 직(職)'이 들어간 어휘   본문 35쪽

1 　법관 　은/는 법에 따라 공정한 재판을 해야 합니다.

2 　우리는 　직업 　을/를 가짐으로써 경제적인 보상을 얻을 수 있습니다.

3 　정약용은 암행어사로 일하는 동안 지방 　관리 　(이)가 어떤 마음을 가져야 하는지에 대해 깊이 생각했어요.

4 　국무총리는 대통령을 돕고 대통령의 명을 받아 행정 각부를 거느리고 관할하는 　직무 　을/를 맡은 공무원이에요.

문제로 어휘**力**높여요   본문 36쪽

1 공직
'관직(官職)'은 공무원 또는 관리가 국가로부터 위임받은 일을 의미한다. '공직(公職)'은 국가 기관이나 공공 단체의 일을 맡아 보는 것을 의미하므로 '관직'과 바꾸어 쓸 수 있다.

2 건물의 <u>관리</u> 사무소에서 건물 내부 소독을 진행하고 있습니다.
첫 번째와 두 번째 문장의 '관리(官吏)'는 나랏일을 하는 사람을 의미한다. 세 번째 문장의 '관리(管理)'는 시설이나 물건의 유지, 개량 등의 일을 맡아 하는 것을 의미하므로, 앞의 두 문장의 '관리'와 다른 의미로 쓰였다.

3 ③
〈보기〉의 어휘에서 '직(職)' 자는 모두 직책이나 직업상에서의 본분인 '직분'과 관련한 의미를 포함하고 있다.

4 **1** 법관   **2** 직업
1 법원에 속하여, 재판을 맡아 보는 사람인 판사와 대법관, 대법원장을 '법관(法官)'이라고 한다.
2 법원 견학을 하면서, 이 분야와 관련한 일을 하고 싶어졌다는 의미이므로 빈칸에 '직업(職業)'이 들어갈 수 있다.

글 쓰며 표현**力**높여요   본문 37쪽

예시 사촌 형은 법관이 되기 위해 다니던 직장을 퇴직하고 준비 중입니다. 형이 새로운 도전을 하기 위해 용기를 내는 모습이 대단해 보였어요. 꼭 원하는 직업을 갖게 되었으면 좋겠습니다.

역경(逆境)

○ '거스를 역(逆)'과 '지경 경(境)'이 들어간 어휘
본문 39쪽

1 좋은 약도 지나치면 오히려 [역효과] 을/를 가져옵니다.

2 시약의 [역류] 을/를 방지하기 위해 핀치 집게로 고무관을 꽉 조입니다.

3 미국과 소련은 38도선을 [경계] (으)로 남쪽과 북쪽에 각각 주둔하였습니다.

4 [환경] 오염을 줄이려면 옷의 불필요한 구매를 피하고 옷을 오래 입어야 합니다.

문제로 어휘 力 높여요
본문 40쪽

1 환경
우리가 살고 있는 자연, 즉 환경(環境) 오염이 심각한 상황임을 알리고 후대를 위해 환경 보호에 힘쓰자는 내용을 전하고 있는 글이다.

2 거스르다
'역풍(逆風)', '역행(逆行)', '역경(逆境)'에는 모두 반대되거나 거스른다는 뜻이 포함되어 있다. 따라서 밑줄 친 '역(逆)' 자의 뜻은 '거스르다'로 볼 수 있다.

3 1 역류   2 역효과
1 장마로 불어난 물 때문에 하수구의 물이 거슬러 흘렀다는 내용의 문장이므로, 빈칸에는 '역류(逆流)'가 들어갈 수 있다.
2 위로하려던 말이 그 의도와 반대로 친구를 화나게 했다는 내용의 문장이므로, 빈칸에는 '역효과(逆效果)'가 들어갈 수 있다.

4 1 ㄴ   2 ㄱ
1 꿈과 현실은 잠이라는 기준에 의하여 구별되는 대상이다.
2 네모 동과 세모 동은 길 하나를 사이에 두고 지역이 구분되고 있다.

글 쓰며 표현 力 높여요
본문 41쪽

(예시) 이순신 장군을 역적으로 몰며 모함한 사람들은 오히려 역효과를 겪은 것 같다. 이순신 장군은 역경에 굴하지 않고 더 위대한 인물이 되었기 때문이다. 벼슬에서 쫓겨났을 때도 그 경계를 생각하지 않고 끝까지 최선을 다했다는 점이 인상적이다.

진퇴(進退)

본문 43쪽

◯ '나아갈 진(進)'과 '물러날 퇴(退)'가 들어간 어휘

1	진격(進擊)	☑ 적을 치기 위하여 앞으로 나아감.
		☐ 적과 화해하기 위하여 뒤로 물러남.
2	진로(進路)	☑ 앞으로 나아갈 길.
		☐ 과거를 되짚어 보는 일.
3	후퇴(後退)	☑ 뒤로 물러남.
		☐ 잘못을 깨치고 뉘우침.
4	퇴치(退治)	☑ 물리쳐서 아주 없애 버림.
		☐ 수준이 지금보다 뒤떨어짐.

문제로 어휘力 높여요

본문 44쪽

1 진격
'진격'은 '나아갈 진(進)'과 '칠 격(擊)'으로 이루어진 어휘로, 적을 치기 위하여 앞으로 나아감을 뜻한다.

2 이러지도 저러지도 못하는
'진퇴양난(進退兩難)'은 이러지도 저러지도 못하는 어려운 처지를 뜻하는 말이다. 제시된 상황과 같이 어찌할 방법이 없는 난처한 처지를 나타낼 때 쓸 수 있다.

3 퇴각을
'후퇴(後退)'는 뒤로 물러남을 의미하는 어휘로, 비슷한 뜻의 '퇴각(退却)'과 바꾸어 쓸 수 있다. '퇴원(退院)'은 일정 기간 병원에 머물던 환자가 병원에서 나옴을, '퇴화(退化)'는 진보 이전의 상태로 되돌아감을, '퇴근(退勤)'은 일터에서 근무를 마치고 돌아가거나 돌아옴을 의미한다.

4 ① 진로 ② 퇴치
① 학생들이 앞으로 나아가야 할 길에 대해 도움을 주는 책이므로, 빈칸에는 '진로(進路)'가 들어갈 수 있다.
② 말라리아 치료제를 개발한 과학자의 이야기를 다룬 책이므로, 빈칸에는 물리쳐 없애 버리다는 뜻으로 '퇴치(退治)'가 들어갈 수 있다.

글 쓰며 표현力 높여요

본문 45쪽

예시 무언가를 억지로 배운다면 오히려 흥미가 감퇴될 수 있어. 부모님 의견에 너무 좌우되지 말고, 네가 관심 있는 것이 무엇인지 생각해 본 후에 천천히 진행해 보면 어떨까?

10 확보(確保)

○ '굳을 확(確)'과 '지킬 보(保)'가 들어간 어휘 본문 47쪽

1	확인(確認)	☐ 분명하지 않은 것을 임시로 인정함.
		☑ 틀림없이 그러한가를 알아보거나 그렇다고 여김.
2	확실(確實)	☐ 믿지 못함.
		☑ 틀림없이 그러함.
3	보호(保護)	☐ 알려지지 않은 것을 찾아냄.
		☑ 잘 지켜 원래대로 보존되게 함.
4	보장(保障)	☐ 다른 사람에게 들키지 않도록 숨길 장소를 마련하여 간직함.
		☑ 어떤 일이 어려움 없이 이루어지도록 조건을 마련하여 보증하거나 보호함.

문제로 어휘 ⼒ 높여요 본문 48쪽

1 확보

신문이 폭넓은 독자층을 확실히 가지고 있지만, 그럼에도 불구하고 홍보비에 많은 예산을 확실히 가지고 있도록 계획한다는 내용이므로, 빈칸에는 확보(確保)가 들어갈 수 있다.

2 ❶ 실 ❷ 인

❶ 상담 후 고민이 확실(確實)히 해결되었다는 내용이므로, 빈칸에 들어갈 글자는 '실'이다.
❷ 운동화의 상태를 확인(確認)했다는 내용이므로, 빈칸에 들어갈 글자는 '인'이다.

3 어떤 일이 어려움 없이 이루어지도록 조건을 마련하여 보증하거나 보호함.

제시된 예문에서 '보장'은 '지킬 보(保)'와 '막을 장(障)'으로 이루어진 어휘로, 어떤 일이 어려움 없이 이루어지도록 조건을 마련하여 보증하거나 보호함을 뜻한다.

4 보호하는

환경을 돌보고 지키는 것이라고 하였으므로, 잘 지켜 원래대로 보존되게 한다는 의미의 '보호(保護)하는'과 바꾸어 쓸 수 있다.

글 쓰며 표현 ⼒ 높여요 본문 49쪽

예시 분리배출을 확실히 하려면 먼저 재활용이 되는 물건과 안 되는 물건을 확인해야 해. 보온병, 돋보기, 면도기와 같이 여러 재질이 섞인 제품들은 재활용이 안 되기 때문이야. 분리배출만으로 환경 보호가 보장되지는 않겠지만, 작은 일부터 실천해 보자.

독해로 마무리해요 ———————————————— 본문 50쪽

1 헌혈

이 글의 마지막 문장에서 헌혈에 참여할 수 없는 초등학생도 헌혈의 중요성을 확실히 알고 있어야 한다고 하였다. 따라서 글쓴이는 헌혈의 중요성을 알려 주려고 이 글을 썼음을 알 수 있다.

2 ①

이 글에서 헌혈을 하러 가면 혈압, 맥박, 혈액형 등을 검사한다고 하였다.

놀이로 정리해요 ———————————————— 본문 51쪽

◉ 아래의 뜻풀이에 해당하는 어휘를 찾아 표시해 보세요.

소	방	관	청	원	비	상	인
라	영	파	리	문	혈	통	로
개	진	직	선	향	자	일	군
사	랑	무	춘	진	한	디	가
진	도	제	후	퇴	로	문	산
확	보	어	회	근	수	은	경
인	물	역	경	무	지	개	찰

① 나랏일을 하는 사람. - 관리
② 앞으로 나아가고 뒤로 물러남. - 진퇴
③ 확실히 보증하거나 가지고 있음. - 확보
④ 일이 순조롭지 않아 매우 어렵게 된 처지나 환경. - 역경
⑤ 틀림없이 그러한가를 알아보거나 그렇다고 여김. - 확인
⑥ 같은 핏줄에서 갈라져서 이어진 자손. 또는 그 공동체. - 혈통
⑦ 직책이나 직업상에서 책임을 지고 담당하여 맡아 처리하는 일. - 직무

11 신경(神經)

○ '귀신/정신 신(神)'과 '지날 경(經)'이 들어간 어휘　　　　　　　　　　　본문 53쪽

1 비상구의 위치와 대피 [경로]을/를 알면 안전하게 대피할 수 있습니다.

2 우리 역사와 조상들의 [정신]이/가 담겨 있는 문화유산을 보호해야 합니다.

3 청소 구역을 번갈아 바꾸는 것이 어떨까? 다른 일도 [경험]하면 좋을 것 같아.

4 밤하늘 꾸미기 활동을 할 때는 별자리에 얽힌 [신화]을/를 찾아보면 더 좋습니다.

문제로 어휘力 높여요 본문 54쪽

1 정신
두 문장 모두 영혼이나 마음과 같은 어휘가 들어가야 하므로 '정신(精神)'이 알맞다.

2 **1** ㉡　　**2** ㉠
'신경(神經)'은 '동물의 몸에서 외부의 자극을 두뇌와 신체 각 부분에 전달하고 반응을 일으키게 하는 기관.'이라는 의미와 '어떤 일에 대한 느낌이나 생각.'이라는 두 가지 의미로 쓰인다. **1**은 자율 신경이라는 신체 기관에 대한 설명이므로 ㉡의 의미로 쓰였고, **2**는 어떤 일에 대한 느낌이나 생각을 말하는 것이므로 ㉠의 의미로 쓰였다.

3 ㉠
㉠의 '경청(傾聽)'은 '귀를 기울여 들음.'이라고 풀이하고 있다. 이때의 '경청'은 '기울 경(傾)'과 '들을 청(聽)'이 쓰였다. ㉡의 '경과(經過)'는 '지날 경(經)'과 '지날 과(過)'이고, ㉢의 '경험(經驗)'은 '지날 경(經)'과 '시험 험(驗)'이다.

4 **1** 신화　　**2** 경로
1 단군 이야기는 우리나라의 신성하고 신비로운 이야기이므로 '신화'가 알맞다.
2 학생들은 인터넷이나 사전을 통해 정보를 수집하고 있으므로 일을 진행하는 방법이라는 의미에서 '경로'가 알맞다.

글 쓰며 표현力 높여요 본문 55쪽

예시 우리 삼촌이 직접 경험한 이야기야. 삼촌은 군대에 있을 때 귀신을 본 적이 있대. 새벽 보초를 설 때는 같이 이야기도 나누어 봤다고 했어. 시간이 경과하면서 기억이 희미해졌지만, 아직도 그때 생각을 하면 신경이 곤두선다고 해.

지압(指壓)

본문 57쪽

○ '가리킬 지(指)'와 '누를 압(壓)'이 들어간 어휘

1	지휘(指揮)	☑ 목적을 이루기 위하여 단체를 이끌고 다스림. ☐ 성과를 높이기 위하여 허물을 드러내어 폭로함.
2	지시(指示)	☐ 가까이에서 직접 돕고 보살핌. ☑ 무엇을 하라고 시키거나, 무엇을 가리킴.
3	압력(壓力)	☑ 수직으로 내리누르는 힘. ☐ 양쪽에서 잡아당기는 힘.
4	탄압(彈壓)	☐ 큰 목소리로 억지로 떠나가게 함. ☑ 힘으로 억지로 눌러 꼼짝 못 하게 함.

문제로 어휘⼒높여요

본문 58쪽

1 손끝, 누르거나

2 가리키다
첫 문장의 '지시(指示)'는 무엇을 가리킴을 의미하고, 두 번째 문장의 '지목(指目)'은 사람이나 사물이 어떠하다고 가리켜 정함을 의미한다. 따라서 이 두 어휘에 공통으로 쓰인 '지'는 모두 '가리키다'를 뜻한다.

3 압력
'압력(壓力)'은 수직으로 내리누르는 힘을 의미한다. 비행기가 이륙하며 귀의 바깥쪽과 안쪽 고막을 공기가 누른다고 하였으므로, 밑줄 친 곳에 공통으로 들어갈 어휘로 '압력'이 알맞다.

4 ①억압 ②명령
① '탄압(彈壓)'은 힘으로 억지로 눌러 꼼짝 못 하게 함을 의미한다. 이와 뜻이 비슷한 어휘는 자기의 뜻대로 자유로이 행동하지 못하도록 억지로 억누른다는 의미의 '억압(抑 누를 억, 壓 누를 압)'이다.
② '지시(指示)'는 무엇을 하라고 시키거나, 무엇을 가리킴을 의미한다. 이와 뜻이 비슷한 어휘는 윗사람이나 상위 조직이 아랫사람이나 하위 조직에 무엇을 하게 함, 또는 그런 내용이라는 의미의 '명령(命 목숨 명, 令 하여금 령)'이다.

글 쓰며 표현⼒높여요

본문 59쪽

예시 나는 우리 군대의 작전을 지휘하는 장군이다. 모두 내 지침을 따라 주길 바란다. 적군의 탄압에 굴복하지 말고, 우리의 힘으로 상황을 압도해 보도록 하자.

13 성대(聲帶)

본문 61쪽

○ '소리 성(聲)'과 '띠 대(帶)'가 들어간 어휘

1 생명의 소중함을 알고 자연과 [유대]을/를 가져야 합니다.

2 태양의 열을 많이 받는 적도 부근은 [열대] 기후가 나타납니다.

3 빗방울 소리를 나타내는 [의성어]을/를 찾아보고, 말의 느낌을 비교해 봅시다.

4 이 영상은 우리 반이 피구 대회에서 우승할 때의 추억을 잘 살려 만들었다. 마치 그날의 [함성]이/가 들리는 듯하다.

문제로 어휘**力**높여요

본문 62쪽

1 선생님은 부드러운 음성으로 아이를 타일렀다.

'음성(音聲)'은 사람의 목소리나 말소리를 의미하며, '소리 음(音)'과 '소리 성(聲)'을 쓴다. '성격(性格)'은 개인이 가지고 있는 고유의 성질이나 품성을 뜻하는 말로 '성품 성(性)'과 '격식 격(格)'을 쓰며, '성장(成長)'은 사람이나 동식물 등이 자라서 점점 커짐을 뜻하는 말로 '이룰 성(成)'과 '긴 장(長)'을 쓴다. 그리고 '완성(完成)'은 완전히 다 이룸을 의미하는 말로 '완전할 완(完)'과 '이룰 성(成)'을 쓴다.

2 ① 함성 ② 성대
① '함성(喊聲)'은 '소리칠 함(喊)'과 '소리 성(聲)'으로 이루어진 어휘로, 여러 사람이 함께 외치거나 지르는 소리를 의미한다.
② '성대(聲帶)'는 '소리 성(聲)'과 '띠 대(帶)'로 이루어진 어휘로, 사람의 목구멍에 있는 소리를 내는 기관을 의미한다.

3 엉금엉금
의성어란 사람이나 사물의 소리를 흉내 낸 말을 가리킨다. '멍멍', '부르릉', '콜록콜록'은 모두 소리를 흉내 낸 말이지만, '엉금엉금'은 동작을 흉내 낸 말이므로 의성어에 해당하지 않는다.

4 ㉠
㉠의 '역대(歷代)'는 '지날 력(歷)'과 '대신할 대(代)'를 쓰며 여기서는 시대라는 의미로 쓰였다. '열대(熱帶)'와 '유대(紐帶)'는 '띠 대(帶)'를 쓴다.

글 쓰며 표현**力**높여요

본문 63쪽

예시 열대야로 힘들 텐데, 다친 곳은 괜찮은지 모르겠다. 네 음성에 힘이 없는 것 같아 걱정이 되지만, 많은 친구들의 성원에 금방 나을 거라 믿어. 푹 쉬고 내일 밝은 목소리로 통화하자.

14 회복(回復)

본문 65쪽

○ '돌아올/돌 회(回)'와 '회복할 복(復)'이 들어간 어휘

1	회전(回轉)	☐ 어떤 물체가 같은 장소로 굴러옴.
		☑ 어떤 축을 중심으로 하여 그 둘레를 빙빙 돎.
2	회로(回路)	☑ 전류가 흐르는 통로.
		☐ 전기가 흐르지 않는 물체.
3	복원(復元)	☐ 새롭게 바꿈.
		☑ 원래대로 회복함.
4	왕복(往復)	☑ 갔다가 돌아옴.
		☐ 가다가 도중에 멈춤.

문제로 어휘力 높여요

본문 66쪽

1 ❶ 회복 ❷ 회전
❶ '회복(回復)'은 '돌아올/돌 회(回)'와 '회복할 복(復)'으로 이루어진 어휘로, 원래의 상태를 되찾음을 의미한다.
❷ '회전(回轉)'은 '돌아올/돌 회(回)'와 '구를 전(轉)'으로 이루어진 어휘로, 어떤 축을 중심으로 하여 그 둘레를 빙빙 돎을 의미한다.

2 ①
'회로(回路)'는 전류가 흐르는 통로를 의미하고, '회상(回想)'은 지난 일을 돌이켜 생각함을 의미한다. 두 어휘에 밑줄 친 '회'는 모두 '回(돌아올/돌 회)'이다. ②는 '귀신/정신 신(神)', ③은 '가리킬 지(指)', ④는 '소리 성(聲)', ⑤는 '띠 대(帶)'이다.

3 복구(復舊)
'복원(復元)'은 원래대로 회복한다는 의미이므로, 이전의 상태로 회복한다는 의미의 '복구(復 회복할 복, 舊 예 구)'와 뜻이 가장 비슷하다. '복고(復 회복할 복, 古 예 고)'는 과거의 모양, 정치, 사상, 제도, 풍습 등으로 돌아간다는 의미이고, '복사(複 겹칠 복, 寫 베낄 사)'는 원본을 베낀다는 의미이다. '복도(複 겹칠 복, 道 길 도)'는 건물과 건물 사이에 비나 눈이 맞지 아니하도록 지붕을 씌워 만든 통로이다.

4 왕복
아침에 친척 집에 갔다가 밤늦게 집에 돌아왔다고 하였으므로 빈칸에 갔다가 돌아옴을 의미하는 '왕복(往復)'이 알맞다.

글 쓰며 표현力 높여요

본문 67쪽

예시 반복되는 일상을 살다 보니, 너와의 관계를 회복할 기회를 놓친 것 같아. 방학이 끝나고 학교로 복귀하면, 그때는 회피하지 않고 너와 다시 이야기를 나누고 싶어.

15 여파(餘波)

○ '남을 여(餘)'와 '물결 파(波)'가 들어간 어휘 본문 69쪽

1 겨울에는 ⬚한파⬚ (으)로 인한 피해가 발생할 수 있습니다.

2 크리스마스가 되자 시내는 순식간에 ⬚인파⬚ (으)로 뒤덮였습니다.

3 우리나라 전통 미술 작품에서는 ⬚여백⬚ 의 아름다움을 느낄 수 있습니다.

4 갈등을 잘 해결하려면 친구와 ⬚여유⬚ 있게 대화를 나누어 보아야 합니다.

문제로 어휘⼒높여요 본문 70쪽

1 1 ㉡   2 ㉠

1 해일의 여파가 해수욕장을 덮친 상황이므로 '여파(餘波)'가 '큰 물결이 일어난 뒤에 지나가는 잔물결.'이라는 직접적인 의미로 쓰였다.

2 월드컵이 끝난 뒤에 축구 선수들의 인기가 높아졌으므로 '여파(餘波)'가 '어떤 일이 끝난 뒤에 남아 미치는 영향.'이라는 의미로 쓰였다.

2 ⑤

'한파(寒波)'는 '寒(찰 한)'과 '波(물결 파)'로 이루어진 어휘로, 겨울철에 기온이 갑자기 내려가는 현상을 뜻한다.

3 파(물결 波)

4 1 여백   2 여유

1 그림을 그리고 빈자리가 남은 상황이므로, 빈칸에 '여백(餘白)'이 적절하다.

2 방학이 되면 물질적·공간적·시간적으로 넉넉하고 남음이 있는 상태가 되므로, 빈칸에 '여유(餘裕)'가 적절하다.

글 쓰며 표현⼒높여요 본문 71쪽

예시 파도가 몰아치는 장면을 하얀 물감으로 표현하여 생생한 느낌을 주어요. 먼 바다에 있는 배가 금방이라도 가까이 올 것만 같은 여운을 주는 그림이에요.

독해로 마무리해요 ──────────────────────── 본문 72쪽

1 운동회

운동회에 참여하여 느낄 수 있는 재미와 즐거움에 대해 쓴 글이다.

2 ⓒ

ⓒ 선생님이 학생들을 상대로 경기에 이겼다는 내용은 나오지 않는다.

놀이로 정리해요 ──────────────────────── 본문 73쪽

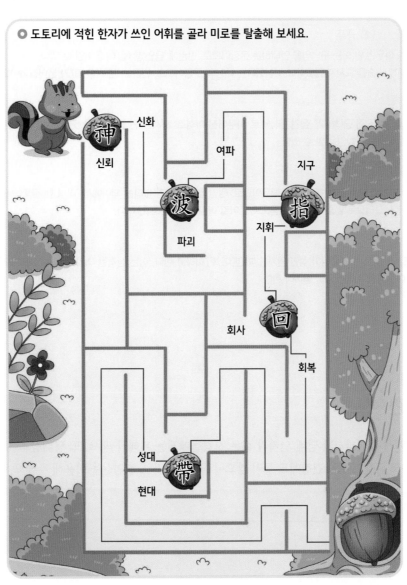

◉ 도토리에 적힌 한자가 쓰인 어휘를 골라 미로를 탈출해 보세요.

神 ─ 신화
신뢰

파 여파

波
파괴

指 지구
지휘

回
회사
회복

성대
帶
현대

○ '금할 금(禁)'과 '연기 연(煙)'이 들어간 어휘 본문 75쪽

1 금주(禁酒)	☐ 담배를 피우지 못하게 함. 또는 담배를 피우던 사람이 담배를 끊음.
	☑ 술을 마시지 못하게 함. 또는 술을 마시던 사람이 술을 줄이거나 끊음.
2 금물(禁物)	☑ 해서는 안 되는 일.
	☐ 실현될 가능성이 없는 일.
3 연기(煙氣)	☐ 정해진 기한을 뒤로 물려서 늘림.
	☑ 무엇이 불에 탈 때에 생겨나는 흐릿한 기체나 기운.
4 매연(煤煙)	☑ 연료가 탈 때 나오는, 그을음이 섞인 연기.
	☐ 공기가 더러워지거나 해로운 물질에 물듦.

문제로 어휘力 높여요 본문 76쪽

1 **1** 금연 **2** 금주
1 담배를 피우면 안 되는 구역임을 안내하는 문장이므로, 빈칸에 '금연(禁煙)'이 들어갈 수 있다.
2 아버지께서 술을 드시지 않겠다고 결심했다는 내용의 문장이므로, 빈칸에 '금주(禁酒)'가 들어갈 수 있다.

2 ①
'금물(禁物)'은 '금할 금(禁)'과 '물건 물(物)'로 이루어진 어휘로, 해서는 안 되는 일을 뜻한다. 따라서 환자에게 어떠한 음식을 먹지 말라고 하는 상황임을 알 수 있다.

3 ③
굴뚝에서 연기가 나는 것은 불을 땠기 때문이므로, 원인 없는 결과가 없다는 의미에서 "아니 땐 굴뚝에 연기 날까."라는 속담이 나온 것이다. 그러므로 밑줄 친 곳에 공통으로 들어갈 어휘는 '연기(煙氣)'이다.

4 매연
연료가 탈 때 나오는, 그을음이 섞인 연기를 '매연(煤煙)'이라고 한다. 이는 심각한 대기 오염을 일으키므로 생태계를 보호하려면 자동차나 공장의 매연 양을 줄여야 한다.

글 쓰며 표현力 높여요 본문 77쪽

예시 길거리에서 흡연하시면 담배 연기가 싫은 사람들에게는 피해가 돼요. 또 담배꽁초를 그냥 바닥에 버리는 행동도 금물이에요. 건강에도 좋지 않으니 금연하시거나, 흡연실을 이용해 주세요.

소방(消防)

○ '사라질 소(消)'와 '막을 방(防)'이 들어간 어휘

본문 79쪽

1 항문은 [소화]되지 않은 음식물 찌꺼기를 배출합니다.

2 용돈을 합리적으로 [소비]하려면 어떻게 해야 할까요?

3 경찰서는 범죄를 [예방]하여 안전을 책임지고 질서를 유지합니다.

4 씨름을 할 때에 상대방의 공격을 [방어]하고 적절하게 반격하였나요?

문제로 어휘力 높여요

본문 80쪽

1 ②
'소방(消防)'과 '소화기(消火器)'는 불을 사라지게 한다는 의미를 포함한다. '소독(消毒)'은 균을 사라지게 한다는 의미이다. '소비자(消費者)'는 돈이나 물건 등을 써서 없애는 사람이라는 의미이다. '소금'은 짠맛이 나는 백색 물질로, 사라진다는 의미를 가지고 있지 않다.

2 부모님의 일을 도와 용돈 늘리기
'소비(消費)'는 '돈이나 물건, 시간, 노력 등을 들이거나 써서 없앰.'이라는 의미이다. '부모님의 일을 도와 용돈 늘리기'는 돈을 써서 없애는 것이 아니므로 소비 계획으로 보기 어렵다.

3 ⓛ
㉠과 ㉢에서 '소화(消化)'는 '섭취한 음식물을 분해하여 영양분을 흡수하기 쉬운 형태로 변화시키는 일.'이라는 의미로 쓰였다. ㉡에서는 '소화'가 '주어진 일을 해결하거나 처리함.'이라는 의미로 쓰였다.

4 1 예   2 어
1 식중독과 같은 질병이 일어나지 않도록 미리 대처하여 막는 일과 관련한 어휘가 들어가야 하므로, 빈칸에는 '예방(豫防)'의 '예'가 적절하다.
2 공격을 막는 기술과 관련한 어휘가 들어가야 하므로, 빈칸에는 '방어(防禦)'의 '어'가 적절하다.

글 쓰며 표현力 높여요

본문 81쪽

예시 생일날 케이크에 꽂는 작은 초도 불씨가 소멸하였는지 끝까지 확인해야 해요. 그러면 큰불을 예방할 수 있답니다. 우리의 작은 행동이 모여, 화재를 방지할 수 있다는 것을 잊지 마세요.

검찰(檢察)

본문 83쪽

◎ '검사할 검(檢)'과 '살필 찰(察)'이 들어간 어휘

1 성찰 은 우리가 바람직한 사람으로 자라는 데 꼭 필요합니다.

2 경찰 은 ○○○ 씨를 「저작권법」 위반 혐의로 조사 중입니다.

3 점검 기준표를 만들어 내가 쓴 글에서 고쳐 쓸 점을 생각해 봅시다.

4 어떤 말로 검색 해야 지구 표면의 다양한 모습을 찾아볼 수 있을까요?

문제로 어휘⼒높여요

본문 84쪽

1 ①
'경찰(警察)'은 사회의 질서를 유지하고 국민의 안전과 재산을 지키는 임무를 하는 직업이다.

2 ⓒ
'검색(檢索)'은 책이나 컴퓨터에서, 목적에 따라 필요한 자료들을 찾아내는 일을 뜻한다. ⓒ에서는 '검색'이 아니라, 건강 상태를 검사하고 진찰하는 일을 뜻하는 '검진(檢 검사할 검, 診 볼 진)'을 쓰는 것이 적절하다. ㉠의 '검산(檢 검사할 검, 算 셈 산)'은 계산의 결과가 맞는지를 살펴보기 위해 다시 계산함을 뜻하므로, 적절하게 쓰였다.

3 범죄를 수사하거나 증거를 모으는 일을 하는 기관.
〈보기〉의 문장에 사용된 '검찰'은 '검사할 검(檢)'과 '살필 찰(察)'로 이루어진 어휘로, 범죄를 수사하거나 증거를 모으는 일을 하는 기관을 가리킨다.

4 반성
'성찰(省察)'은 스스로 잘못이나 부족함이 없는지 돌이켜 보고 살핀다는 뜻이므로, '반성(反省)'과 뜻이 가장 비슷하다.

글 쓰며 표현⼒높여요

본문 85쪽

예시 매일 말로만 경찰이 되고 싶다고 하고 구체적인 계획을 세우지 않았다. 나의 모습을 성찰하고 꿈을 위한 계획표를 세운 뒤 부모님께 검토해 달라고 해야겠다.

청구(請求)

○ '청할 청(請)'과 '구할 구(求)'가 들어간 어휘   본문 87쪽

1	**신청**(申請)	☐ 단체나 기관을 믿고 따름.
		☑ 담당 기관에 어떤 일을 해 줄 것을 정식으로 요구함.
2	**초청**(招請)	☑ 다른 사람을 청하여 부름.
		☐ 어떤 일에 나서기를 스스로 청함.
3	**욕구**(欲求)	☑ 무엇을 얻거나 무슨 일을 하고자 바라는 일.
		☐ 분수에 넘치게 무엇을 탐내거나 누리고자 하는 마음.
4	**추구**(追求)	☑ 목적을 이룰 때까지 뒤좇아 구함.
		☐ 실제로 경험하지 않은 것을 마음속으로 그려 봄.

(문제로 **어휘**力 높여요)   본문 88쪽

1 ②
제시된 내용은 결혼식을 알리고, '초청(招請)'하는 내용을 적어 보내는 글인 '청첩장(請牒狀)'이다. 그러므로 빈칸에는 '청(청할 請)'이 공통으로 들어가야 한다.

2 **1** 신청   **2** 청구
1 학생은 미술 특강을 등록하고 싶어 하므로, 빈칸에는 '담당 기관에 어떤 일을 해 줄 것을 정식으로 요구함.'을 뜻하는 '신청(申請)'이 들어가야 한다.
2 직원은 안내문을 건네며 재료비와 관련한 내용에 대해 말하고 있으므로, 빈칸에는 '남에게 돈이나 물건 등을 달라고 요구함.'을 뜻하는 '청구(請求)'가 들어가야 한다.

3 게으름을 피우다가 늦은 것을 후회하는 마음.
'욕구(欲求)'는 무엇을 얻거나 무슨 일을 하고자 바라는 일을 뜻한다. 게으름을 피우다가 늦은 것을 후회하는 마음은 이러한 욕구와 관련이 없다.

4 추구
'추구'는 '쫓을 추(追)'와 '구할 구(求)'로 이루어진 어휘로, 목적을 이룰 때까지 뒤쫓아 구함을 뜻한다.

(글 쓰며 **표현**力 높여요)   본문 89쪽

예시 우리 마을의 도서관은 책이 많이 없어서, 어린이들이 읽을 만한 책을 따로 신청해야 해요. 어린이 도서관을 따로 세워 주시기를 요청합니다. 그럼 어린이들이 책을 읽으면서, 아는 재미와 상상하는 즐거움을 추구할 수 있을 거예요!

○ '화합할 협(協)'과 '도울 조(助)'가 들어간 어휘   본문 91쪽

1 친구들과 [협력]하여 음악으로 장면을 표현하는 활동을 해 봅시다.

2 과학자들은 몸속의 기관을 [보조]하거나 대신하는 인공 기관을 연구해요.

3 의견이 서로 다를 때에는 충분히 대화하고 [타협]을/를 하여 결정합니다.

4 반려동물의 법률 문제를 [조언]해 주거나 해결하는 '동물 변호사'는 미래의 유망한 직업입니다.

문제로 어휘力 높여요   본문 92쪽

1 ①
두 문장의 빈칸에는 어떤 일이 잘 이루어지기 위하여 필요한, 다른 사람들의 도움과 관련된 어휘가 들어가야 한다. 따라서 힘을 보태어 도움을 뜻하는 '협조(協助)'가 알맞다.
② 협회(協 화합할 협, 會 모일 회): 같은 목적을 가진 사람들이 설립하여 유지해 나아가는 모임. ③ 협상(協 화합할 협, 商 장사 상): 어떤 목적에 부합되는 결정을 하기 위하여 여럿이 서로 의논함. ④ 구조(救 구원할 구, 助 도울 조): 재난 등을 당하여 어려운 처지에 빠진 사람을 구하여 줌. ⑤ 개조(改 고칠 개, 造 지을 조): 고쳐 만들거나 바꿈.

2 백지장도 맞들면 낫다
'협력(協力)'은 힘을 합하여 서로 도움을 뜻하는 어휘이다. '백지장도 맞들면 낫다'는 서로 힘을 합할 때에 그 일이 쉬워진다는 뜻으로 '협력'의 필요성을 알려 주는 속담이다. '비 온 뒤에 땅이 굳는다'는 비에 젖어 질척거리던 흙도 마르면서 단단하게 굳어 진다는 뜻으로, 어떤 시련을 겪은 뒤에 더 강해짐을 이르는 말이다. '달면 삼키고 쓰면 뱉는다'는 자기의 이익만을 생각하여 행 동하는 것을 이르는 말이다. '뛰는 놈 위에 나는 놈 있다'는 아무리 재주가 뛰어나다 하여도 그보다 나은 사람이 있는 법이니 너 무 뽐내지 말 것을 이르는 말이다.

3 1 조언 2 보조
1 의사가 체력을 기르려면 운동을 해야 한다고 깨우치는 말을 하는 것이므로, 빈칸에 '조언(助言)'이 들어가야 한다.
2 유학하는 데에 필요한 학비를 나라에서 도와 내 주었다는 뜻이므로, 빈칸에 '보조(補助)'가 들어가야 한다.

4 참견
'참견(參見)'은 자기와 별로 관계없는 일에 끼어들어 쓸데없이 아는 체하거나 이래라저래라 함을 뜻한다. 따라서 서로 이해하며 갈등을 해결하는 상황과는 거리가 멀다. '양보(讓步)'는 자기의 주장을 굽혀 남의 의견을 좇음을, '타협(妥協)'은 어떤 일을 서로 양보하여 협의함을 뜻하므로, 제시된 상황과 관련이 있다.

글 쓰며 표현力 높여요   본문 93쪽

예시 우리 반 친구들이 모두 협력하면 멋진 연극 무대를 만들 수 있어. 연기를 하는 친구들, 의상, 무대, 조명 등을 맡은 친구들도 모두 협조해 줄 거지?

독해로 마무리해요

본문 94쪽

1 소방

이 글은 아파트에서 실시할 화재 예방을 위한 소방 교육의 내용을 안내하고 있다.

2 ③

다른 아파트 주민을 초청하여 함께 교육받을 수는 있으나, 원하시는 분은 교육 3일 전까지 신청해 달라고 하였다. 그러므로 교육 당일에 신청한다는 내용은 적절하지 않다.

놀이로 정리해요

본문 95쪽

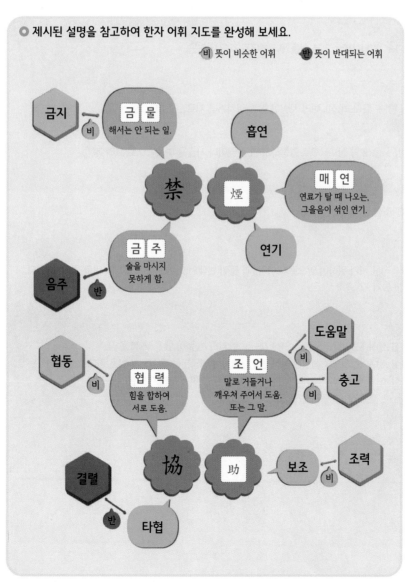

1 1 ③

① 逆 ② 聲 ④ 檢

2 ②

① 經 ③ 想 ④ 統

2 1 ③

① 일/직분 직 ② 누를 압 ④ 화합할 협

2 ④

① 맛 미 ② 지경 경 ③ 회복할 복

3 1 ④

確(굳을 확) + 保(지킬 보): 확실히 보증하거나 가지고 있음.

2 ③

餘(남을 여) + 波(물결 파): 어떤 일이 끝난 뒤에 남아 미치는 영향.

4 1 ①

官(벼슬 관) + 吏(벼슬아치 리): 관직에 있는 사람.

2 ④

助(도울 조) + 言(말씀 언): 말로 거들거나 깨우쳐 주어서 도움.

5 1 ②

喊(소리칠 함) + 聲(소리 성): 여러 사람이 함께 외치거나 지르는 소리.

2 ③

想(생각 상) + 像(모양 상): 실제로 경험하지 않은 일이나 사물을 마음속으로 그려 봄.

6 ①

② 창조 ③ 조형 ④ 동작

7 ②

'進擊(진격: 적을 치기 위하여 앞으로 나아감.)'과 뜻이 반대인 어휘는 '後退(후퇴: 뒤로 물러남.)'이다.

① 진로 ③ 퇴치 ④ 공격

8 ④

• 消(사라질 소) + 防(막을 방): 불로 인한 재난을 방지하고, 불이 났을 때 불을 끔.
• 消(사라질 소) + 化(될 화): 섭취한 음식물을 분해하여 영양분을 흡수하기 쉬운 형태로 변화시키는 일.
• 消(사라질 소) + 費(쓸 비): 돈이나 물건, 시간, 노력 등을 써서 사라지게 함.

① 끊을 단 ② 끊을 절 ③ 돌아올/돌 회